DEDICACIÓN

Dedico este libro a las tres personas que más amo en la vida, mis hijos Rebecca, la mayor, Jonathan mi único varón y Deborah, la bebé de la familia.

Rebecca, quiero que sepas lo mucho que admiro tu espiritualidad y fortaleza. Tu manera de ver la vida y el valor que tienes para enfrentar los retos que la misma presenta te hacen una mujer única y ejemplar.

Jonathan, Dios te ha bendecido con mucha inteligencia y templanza. La manera en que analizas los problemas y la compostura que mantienes en medio de las crisis son rasgos característicos dignos de admirar.

Deborah, me encanta lo visionaria, atrevida y valiente que eres. Lo que te hace una mujer tan especial es que para ti no hay montaña demasiada de alta para escalar ni camino muy largo para caminar.

Dios me es testigo, ante cuya presencia estoy, que el haberles tenido dentro de mi vientre, parido y criado ha sido la bendición más grande que jamás haya recibido en la vida. Yo espero en el Señor Todopoderoso que siempre amen a Dios con todas las fuerzas del alma y ayuden a todas las personas que puedan a mejorar sus vidas a través de una buena educación.

Dra. María de Lourdes

RECONOCIMIENTOS

Quiero agradecer de todo corazón a las personas que ayudaron a que mi sueño de escribir este libro se hiciera una realidad.

Rick Hubbard: mi consuegro, colega y mejor amigo, quiero que sepas que te agradezco la guía y los consejos que me diste durante todo el tiempo que me tomó escribir este libro, y por haber hecho posible que a través de tu compañía River Jumping el mismo se llegara a publicar. ¡Tu amistad y profesionalismo son una bendición para mí!

Rebecca Ferrer Hubbard: mi hija mayor y consejera, gracias por las largas horas que pasamos conversando acerca del contenido del libro y dándome ideas de como mejorarlo. Lo leíste minuciosamente analizando las ideas para asegurarte que la información fuera presentada con la mayor claridad posible. Tu colaboración definitivamente mejoró la calidad del libro.

Dra. Hilda Rivera: mi amiga y colega, estoy bien agradecida por el tiempo que voluntariamente dedicaste para leer y editar por primera vez este libro. Hiciste un magnífico trabajo preservando la integridad del idioma español. Tu amor por la palabra escrita y conocimiento de la lengua española me han servido de inspiración.

Julio Kuilan: mi hermano en la fe y amigo desde la juventud, gracias por el tiempo que voluntariamente dedicaste para editar por segunda vez este libro. Celosamente te aseguraste que las palabras y oraciones fueran escritas respetando las leyes que gobiernan la gramática española. ¡De veras que admiro la pasión con la cual tú proteges el idioma español!

Francisco Madrigal: mi buen amigo, te agradezco las muchas horas que voluntariamente dedicaste a la producción de la versión audio de este libro. Te asegurarte que yo leyera a cabalidad y pronunciara correctamente cada palabra de este libro para así proteger la integridad del mismo. ¡Tu atención a los detalles y amor al idioma español es admirable!

Kyle Schmidt: hermano en la fe, gracias por el magnífico trabajo que hiciste grabando, editando y produciendo la versión audio de este libro. Tu paciencia y sonrisa hizo que el largo tiempo que me tomó leyendo este libro fuera una experiencia positiva. ¡El trabajo que haces es sumamente profesional!

CONTENIDO

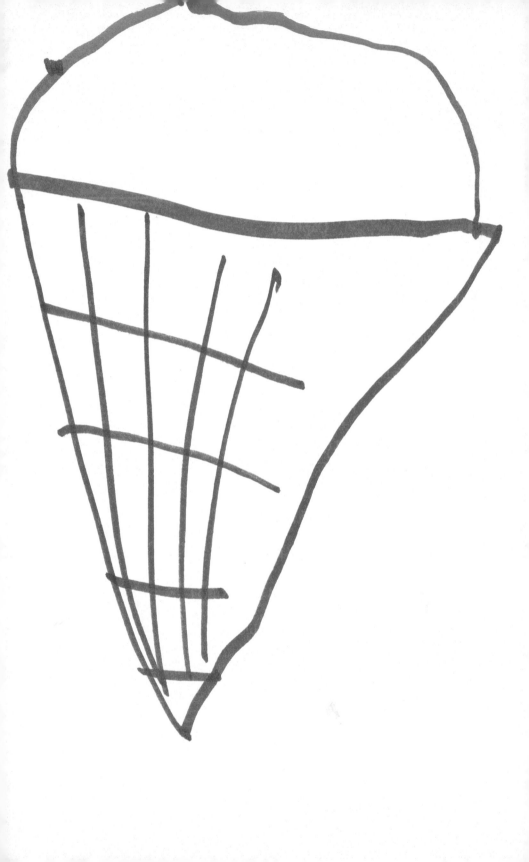

INTRODUCCIÓN

¡Hola! ¿Qué tal está? Soy la Dra. María de Lourdes, Consultora Nacional de Educación, nacida y criada en la bella isla de Puerto Rico. Este libro lo he escrito para todos aquellos padres hispanos que están sumamente interesados en que sus hijos triunfen académicamente aquí en los Estados Unidos. ¡Lo felicito! Usted es parte de ese grupo.

No importa del país que vengamos, ya sea de Puerto Rico, de México, de Honduras, de Colombia, etc., hemos emigrado a éste país en busca de un futuro mejor para nuestros hijos. En lo personal, vine a los Estados Unidos en el año 1990, luego de vivir por muchos años en Centro América. La razón principal por la cual emigré hacia este país fue para darles a mis tres hijos, Rebecca, Jonathan y Deborah la oportunidad de educarse en éste país. Quería que recibieran una educación de calidad y aprendieran bien el idioma inglés; se graduaran de la Secundaria; y lograran obtener un título universitario. Siempre supe que la educación que se recibe en éste país sirve en cualquier parte del mundo.

¿Qué tan grande es la población hispana en los Estados Unidos?

Nosotros los hispanos somos la minoría más grande y de mayor crecimiento en los Estados Unidos. Durante los años 80's éramos apenas 15 millones. De acuerdo al censo del año 2010, actualmente viven más de 50 millones de hispanos en los Estados Unidos y se cree que este número seguirá creciendo. Para el año 2050, los expertos predicen que van a haber más de 100 millones de hispanos viviendo en este país. ¿Sabía usted que de cada cuatro estudiantes que asisten a las escuelas públicas del país uno de ellos es hispano? Y de cada cuatro niños que nacen en los Estados Unidos, uno de ellos es hijo de padres hispanos. Yo, en forma de broma, le digo a la gente que de cada 4 bebés que nacen en los Estados Unidos, uno de ellos llora en español.

¿Cuál es la realidad académica de los hispanos en los Estados Unidos?

Creo ciertamente que somos un pueblo rico en números, pero lamentablemente pobres en educación. Usted se estará preguntando qué es lo que quiero decir con que somos un pueblo pobre en educación. Lo que quiero decir es que la juventud hispana es el segmento poblacional grande de más baja educación en los Estados Unidos. En todos los exámenes estandarizados, ya sea a nivel nacional o estatal, las puntuaciones de los estudiantes hispanos en las evaluaciones de la lectura, las matemáticas y as ciencias están bien por debajo comparado con las de los estudiantes de la raza blanca y asiáticos. A los nueve años de edad, el promedio de lectura de los estudiantes hispanos es dos años por debajo de lo que les corresponde. Un niño hispano en cuarto grado lee como un niño blanco que apenas está en segundo grado. Otro ejemplo es que a los 17 años de edad, el promedio de lectura y matemáticas de los estudiantes hispanos es semejante al promedio de los estudiantes blancos de 13 años. Cuando los jóvenes hispanos están listos para graduarse de la escuela secundaria, leen y resuelven problemas matemáticos al mismo nivel que los estudiantes anglosajones que apenas se gradúan de la escuela intermedia.

¿Qué papel juega la educación en la era en que vivimos?

Hoy día, en los Estados Unidos, la calidad de educación que nuestros hijos reciben determina la calidad de vida que tendrán. Pero esto, no fue siempre así. Estados Unidos es una nación de inmigrantes y todos, con excepción de los nativos Americanos, hemos emigrado de algún país del mundo. Pero las épocas han cambiado mucho. Hace muchos años, en la Era Agrícola, la mayoría de los inmigrantes podían ganarse la vida cultivando las tierras. Décadas después, en la Era Industrial, la mayoría de los inmigrantes podían ganarse la vida trabajando en las factorías. En aquellas épocas no era necesario tener un nivel educacional alto para trabajar en las tierras o en las factorías. La determinación y una ética de trabajo fuerte abrían las puertas a una vida de calidad aquí en los Estados Unidos. Pero actualmente en la era en que vivimos la situación es diferente. Estamos en la Era de Información. En esta era la determinación y una ética de trabajo fuerte no necesariamente abren las puertas a una vida de calidad. En la Era de Información lo que abre las puertas a una vida de calidad, o lo que abre las puertas al Sueño Americano, es una educación de calidad.

En mis presentaciones siempre les digo a las audiencias que, "De tal manera el padre hispano amó a sus hijos que estuvo dispuesto a dejar su patria y todo aquello que era familiar para él con tal de darles a ellos la oportunidad de un futuro mejor." Y ese futuro mejor, en este país, se obtiene a través de una buena educación. Como dice el refrán, "No hay que darle vueltas al asunto." Una educación de calidad es la puerta que conduce a una vida de calidad. ¡Punto!

¿Qué dicen los expertos acerca del bajo rendimiento académico de los estudiantes hispanos?

De acuerdo a los expertos en Investigación Educativa, existen varias razones por la cual tantos estudiantes hispanos no salen tan bien preparados en los estudios como los estudiantes de la raza blanca o los asiáticos. Ellos reportan que los estudiantes hispanos, por lo general, estudian en escuelas con ambientes que no conducen al aprendizaje. Según ellos, estas escuelas proveen una instrucción de baja calidad, tienen serios problemas de disciplina y los maestros tienen expectativas académicas bajas. El personal docente, según ellos, está incapacitado o no preparado para enseñar a estudiantes cuyas culturas son diferentes a la de ellos; que tienen un nivel académico más bajo que el que les corresponde; o que no son competentes en el idioma inglés.

¿Qué dicen los jóvenes hispanos acerca del bajo rendimiento académico de los estudiantes hispanos?

He sido profesora de matemáticas y administradora de escuelas por muchos años. Sé por experiencia que lo que los expertos en Investigación Educativa dicen es cierto. No hay duda. Muchos estudiantes hispanos asisten a escuelas que no ofrecen una educación de calidad. Pero por otro lado, y por muchos años, yo sentí la necesidad de entender a un nivel más profundo las razones detrás del bajo rendimiento académico de los estudiantes hispanos. Quería entender el por qué los estudiantes hispanos, desde el Jardín Infantil hasta el duodécimo grado, tenían un nivel de lectura y de matemáticas más bajo que el que les correspondía. Quería saber el por qué la mayoría de los hispanos tomaban cursos básicos y "brillaban por su ausencia" en clases avanzadas y de honor. Quería saber el por qué tantos hispanos nunca se graduaban de la Escuela Secundaria y tan pocos obtenían un título universitario. Por lo tanto, decidí que en vez de ir a los expertos en busca de respuestas, acudir a los estudiantes mismos. Comencé mi jornada en el año 2005 y desde entonces he entrevistado a miles de estudiantes hispanos de diferentes partes de los Estados Unidos, incluyendo California, Texas, Florida, Massachusetts, e Illinois.

Dios me dio la oportunidad de escuchar con mis propios oídos lo que los estudiantes hispanos creían eran las razones detrás del bajo rendimiento académico de los estudiantes hispanos. Estudiantes hispanos de todas las edades, desde los que cursan la escuela elemental hasta los que estaban a punto de graduarse de la escuela secundaria, abrieron sus corazones y compartieron conmigo sus experiencias escolares.

Lo que me tomó de sorpresa fue que la mayoría de las respuestas que los estudiantes me dieron tenían poco o nada que ver con lo que ocurría en las escuelas, salones de clases o con los maestros. Cuando conversaba con ellos, palabras tales como "padres," "familia," y "hogar," abundaban mucho más que palabras tales como "maestros," "clases" o "escuela." Me quedé boquiabierta al ver que la gran mayoría de sus respuestas estaban relacionadas directa o indirectamente a la falta de apoyo o involucramiento de los padres en la educación de los hijos. Los estudiantes me enseñaron que la participación e involucramiento de los padres en la educación de los hijos sobrepasa o es más poderoso que cualquier esfuerzo que las escuelas o maestros hagan para ayudarlos a que triunfen académicamente. De todo corazón le digo que lo que estos estudiantes hispanos compartieron conmigo cambió mi manera de pensar respecto al mejoramiento escolar. Lo que los estudiantes compartieron conmigo cambió mi práctica profesional.

Según los estudiantes, no existe la menor duda que los padres hispanos aman a sus hijos. Por amor a sus hijos es que muchos padres hicieron el sacrificio de emigrar a este país. Ellos creen que la falta de apoyo o involucramiento en la educación de los hijos pudiera deberse más bien a la falta de conocimiento de cómo navegar el sistema educativo norteamericano. Y como un estudiante en específico me dijo, "Mis padres no saben cómo navegar en el sistema escolar de este país y tampoco saben cómo saber."

Algunos estudiantes me dijeron que sus padres no tenían expectativas académicas altas para con ellos. En relación a esto un estudiante me dijo, "Mis padres están más que felices con que termine la Secundaria. No les importa que clases tomo, siempre y cuando las pase. Ellos no están esperando que yo saque una carrera. Lo que quieren es que trabaje y les ayude con los gastos de la familia."

Los estudiantes deseaban que sus padres creyeran en la habilidad que ellos tenían para aprender. Algunos padres pensaban que así como a ellos no les fue bien en la escuela, lo mismo les ocurriría a los hijos. Un jovencito en particular me dijo, "Mi papá fracasó en la escuela cuando era chiquito. Sin terminar la escuela elemental, él se fue directo a trabajar las tierras. Ahora él cree que porque yo soy su hijo lo mismo me ocurrirá a mí."

Muchos de los estudiantes que entrevisté creen que sus padres no saben el papel que les toca jugar en la educación de ellos. Sus padres creen que con proveerles casa, ropa, comida y enviarlos a la escuela es suficiente. Por lo tanto, los estudiantes se sentían prácticamente solos. Responsabilidades tales como qué cursos tomar, cómo prepararse para la universidad y cómo solicitar ayuda financiera caía totalmente sobre los hombros de los estudiantes. Una jovencita, muy simpática por cierto, me dijo, "Los estudiantes blancos reciben muchísima ayuda de los padres. Los padres se educaron en este país y ya saben muchas cosas acerca de las escuelas y qué hacer para sacar una carrera universitaria. En cambio, los estudiantes hispanos tienen que explicarle todo a los padres."

Los estudiantes también me expresaron que sentían que sus familias estaban divididas. Una jovencita que apenas tenía 16 años de edad me dijo, "Mi familia está dividida y yo me siento atrapada entre dos mundos. Me expreso mejor en inglés y mis padres sólo hablan en español. En la escuela me tengo que comportar de una manera y en la casa de otra. Yo sé manejar bien las computadoras y mis padres, que se sacrificaron para comprármela, no saben ni cómo prenderla. Me voy a graduar pronto y mis padres apenas terminaron la escuela elemental."

Algunos estudiantes me expresaron que les molestaba la idea de ser ciudadanos cuando los padres eran indocumentados. Con un semblante bien triste, un niño que apenas tenia 8 años me dijo, "Yo siempre tengo miedo de que mis padres sean deportados. ¿Qué voy a hacer si me quedo solo en la casa? ¿Quién me va a cuidar?"

Hubo estudiantes que se daban cuenta de lo desconectados que sus padres estaban de la escuela y de sus maestros. Según ellos, los padres de los estudiantes anglosajones y asiáticos se comunican con los maestros con confianza, sin pena, y de manera regular. Sin embargo, los padres de los estudiantes hispanos actuaban como si no hubiera necesidad o no tuvieran el derecho de comunicarse y establecer una relación con los maestros. Una jovencita, de esas que dicen las cosas tal como las sienten, me dijo, "Los padres de los estudiantes de la raza blanca se comunican con los maestros todito el tiempo para saber qué hacer para que los hijos les vaya bien en la escuela. En cambio mis padres no se atreven ni a llamar. ¡Les da pena! Yo creo que ellos sienten que son menos que los maestros. Y eso, a mí no me ayuda para nada."

Según muchos de los muchachos que entrevisté, los estudiantes blancos y los asiáticos tienen buenos hábitos de lectura. Un estudiante me dijo, "A ellos no les cuesta hacer las tareas de la escuela porque leen bien rápido y entienden todo lo que leen. En cambio yo, leo un poco lento y a veces no entiendo ni lo que leo." Con mucha frustración algunos estudiantes de la escuela secundaria me expresaron que ya se les había hecho muy tarde. Hubieran querido que sus padres les hubieran enseñado el valor y el hábito de la lectura desde que eran bien niños.

A mí me sorprendió mucho cuando un estudiante, con una expresión de molestia, me dijo, "Me hubiese gustado que mis padres me hubieran enseñado a hacer las tareas todos los días; que hubieran estado encima de mi hasta que las hiciera y castigado si no las cumplía." Los estudiantes me explicaron que los estudiantes que triunfan en la escuela son aquellos que cumplen con las tareas de la escuela religiosamente. Otro estudiante, que apenas le quedaba un año para graduarse de la escuela secundaria me dijo, "El hacer las tareas no es fácil porque hay muchas distracciones por dondequiera. El hábito de hacer las tareas todos los días es algo que los padres tienen que enseñarles a los hijos desde que comienzan la escuela."

Muchos de los de estudiantes que entrevisté sentían las cargas familiares y económicas de los padres. En ocasiones este peso no les permitía concentrarse en los estudios. Según ellos, los retos más grandes que sus padres enfrentaban como resultado de haber inmigrado a los Estados Unidos, eran el no saber inglés, las diferencias culturales, las opiniones negativas de otras personas acerca de los hispanos, y el no tener residencia legal. Con una carita de ansiedad una joven me dijo, "Se me hace bien difícil enfocarme en la escuela porque tengo la cabeza llena de problemas. Me preocupa mucho lo que mis padres están pasando. Ellos sufren mucho y quisiera hacer algo por ayudarlos."

Todo esto que acabo de compartir con ustedes es poco comparado a la inmensidad de información que los estudiantes hispanos compartieron conmigo durante estos últimos seis años. Algunos se desahogaban llorando cuando compartían conmigo sus luchas. Otros se sentían aliviados cuando hablaban con alguien que genuinamente le interesaba lo que ellos opinaban. Otros tenían la esperanza que la información que me daban iba a ayudar a que más padres hispanos apoyaran y se involucraran en la educación de los hijos.

¿Qué decidí hacer con la información que los estudiantes hispanos me dieron?

Estos estudiantes me transformaron y jamás volví a ser la misma. Fue entonces que me pregunté a mi misma, ¿Lourdes, qué vas a hacer con la inmensidad de información que los estudiantes hispanos te dieron? ¡Al momento quedé embarazada de una nueva idea! La idea de compartir con padres como usted lo que estos estudiantes hispanos compartieron conmigo. Los estudiantes hispanos creen que el triunfo académico de la niñez hispana se encuentra en las manos de los padres. Y para ello, mi querido hermano, no nos queda otra que involucrarnos de todo corazón en la educación de nuestros hijos. Firmemente creo que tenemos que abrazar la idea que en cuanto a la educación de nuestros hijos se trata, tenemos que sentarnos en la silla del conductor.

Este libro, *Siéntese en la Silla del Conductor*, lo escribí precisamente para ayudarle a que no se siente en el asiento de atrás, ni se siente en la silla del pasajero, sino que se siente en la silla del conductor. A través de este libro compartiré con usted las diez competencias que estoy segura le ayudarán a tomar el control del volante y conducir a sus hijos al triunfo académico que les abrirá las puertas a una vida de calidad. Espero en el Señor Dios Todopoderoso que la misma fe que tuvo para emigrar y comenzar una vida nueva en este país la use para alcanzar una vida de calidad aquí en los Estados Unidos.

Dra. María de Lourdes

CAPÍTULO 1

VALORIZAR LA EDUCACIÓN

Competencia 1: Los padres abrazan la idea que una educación de calidad abre las puertas a una vida de calidad.

De tal manera el padre hispano amó a sus hijos que estuvo dispuesto a dejar su tierra, y todo aquello que era familiar para él, para darles a ellos la oportunidad de un futuro mejor. Esa es la razón principal por la cual yo y muchos otros hispanos hemos venido a los Estados Unidos. Queremos que nuestros hijos alcancen una calidad de vida mejor que la que tuvimos en nuestros países de origen.

Lo que por años me ha preocupado es que muchos padres hispanos piensan que con sólo trabajar fuerte podrán mejorar sus estilos de vida. Lamentablemente, ellos no saben que en la época que vivimos el trabajo fuerte por sí sólo no conduce a una vida de calidad. Estos padres no están al tanto de que lo que abre puertas a una vida de calidad es una educación de calidad. *Es por esa razón que el abrazar la idea que una educación de calidad abre las puertas a una vida de calidad es la primera de las diez competencias que los padres hispanos debemos demostrar.*

Como vimos en la introducción de este libro, hace muchos años atrás, en la Era Agrícola y luego en la Era Industrial, el dedicarle muchas horas al trabajo les permitía a los inmigrantes ganar lo suficiente para sostener a sus familias. Pero las épocas han cambiado. Vivimos en una era diferente, la Era de Información. El poder suplir para las necesidades de nuestros hijos depende más del nivel educacional que hayamos logrado que de las muchas horas que hayamos trabajado. La realidad de nuestra época es que la calidad de educación que los niños obtienen determina la calidad de vida que tendrán.

¿Qué es lo que implica una educación de calidad?

Lo que una educación de calidad implica ha cambiado a través de los años y siempre seguirá cambiando. ¿Por qué? Porque el significado de la misma está basado en lo que los niños, en determinada época y país, deben saber y poder hacer para ganarse la vida. Hoy día, en los Estado Unidos, una educación de calidad demanda que los niños reciban el conocimiento y las destrezas necesarias para ser competentes en dos materias principales. Estas dos materias son la lectura y las matemáticas.

Los estudiantes que son competentes en la lectura están mejor capacitados para aprender de manera independiente, una destreza imprescindible para conseguir trabajo y mantenerse empleado. Adicionalmente, los estudiantes que son competentes en las matemáticas son más diestros en el pensamiento crítico y la solución de problemas, destrezas indispensables para enfrentar los retos que la vida de hoy nos presenta.

Es por esta razón que el gobierno Federal de los Estados Unidos ha establecido leyes que exigen que todos los niños, no importa la raza, grupo étnico, o nivel socio-económico al que pertenezcan, demuestren competencia en la lectura y en las matemáticas. Todos los años, en los meses de Marzo o Abril, los estudiantes de tercero a octavo grado, y en décimo o undécimo grado, deben demostrar estas competencias en las pruebas estandarizadas de responsabilidad estatal. Cada estado de la nación administra su propia prueba. Por ejemplo, los estudiantes de la Florida toman el *FCAT* *[Florida Comprehensive Asessment Test]*, los de Illinois el *ISAT* *[Illinois Standards Achievement Test]* y los de Massachusetts el *MCAS* *[Massachusetts Comprehensive Assessment System]*. En otras palabras, el gobierno Federal hace a todas las escuelas públicas del país responsables de las puntuaciones que los niños obtienen en lectura y matemáticas en las pruebas estandarizadas de responsabilidad estatal.

¿Qué significa ser competente en la lectura?

¿Y qué significa ser competente en la lectura? Hace años atrás un buen lector era una persona que podía identificar letras, pronunciar palabras, y leer oraciones con cierta fluidez. Hoy día se espera esto y mucho más. Los niños deben alcanzar niveles altos de comprensión de lectura. En cualquier pasaje de lectura, los chicos deben poder descubrir el propósito del autor; determinar el significado de cualquier palabra desconocida haciendo uso del contexto de la misma; y predecir o inferir basados en la información provista en el texto.

Por ejemplo, cuando yo era una estudiante de la Escuela Elemental, todos los niños leíamos el cuento Los Tres Cerditos y El Lobo. Los maestros nos hacían preguntas tales como:

1. ¿Cuántos cerditos hay en el cuento?

2. ¿Qué materiales usó cada uno de los cerditos para construir sus casas?

3. ¿Quién se quería comer a los cerditos?

El mismo cuento aún se sigue leyendo en las aulas de las escuelas elementales; pero las preguntas que se les hacen a los niños son más complicadas. Los maestros les hacen preguntas tales como:

1. ¿Por qué creen ustedes que el primer cerdito decidió hacer su casa de paja?

2. ¿Cuál es la diferencia entre los materiales que usaron cada uno de los cerditos?

3. ¿Qué creen ustedes el autor del cuento les quiere enseñar a los niños?

¿Qué significa ser competente en las matemáticas?

Veamos ahora lo que significa ser competente en las matemáticas. Hace algunas décadas atrás, el ser competente en las matemáticas implicaba poder sumar, restar, multiplicar y dividir; cambiar números de fracción a decimal y viceversa; o hallar el largo, área o volumen de una figura u objeto. Hoy día se requiere que los estudiantes vayan más allá de estas computaciones simples. Ellos tienen que comprender los problemas matemáticos que por lo general se presentan en forma escrita. Utilizando el pensamiento crítico y procesos avanzados de solución de problemas, los estudiantes deben hallar la solución a problemas que conlleva múltiples pasos.

Por ejemplo, cuando usted y yo éramos niños, se esperaba que los estudiantes aprendieran a balancear una chequera, determinar qué porcentaje de un dólar es 75 centavos, o encontrar el área del suelo de una habitación. Hoy día, a los estudiantes de escuela elemental se les exige que puedan hacer esto y mucho más. Ellos deben poder resolver problemas similares al siguiente.

José decidió ponerle alfombra nueva a los tres dormitorios de su casa. Dos de los dormitorios miden 10' por 12' y el otro mide 12' por 15'. El precio de la alfombra es de $25.00 la yarda cuadrada y el impuesto estatal es de 8%. José sólo dispone de $1,500. ¿Tiene José la cantidad suficiente para alfombrar los tres dormitorios de su casa?

Los estudiantes que son competentes en la lectura y las matemáticas tienen mayores probabilidades de graduarse de la escuela secundaria; sacar una carrera después de graduarse de la Secundaria; y conseguir mejores trabajos si es que deciden unirse a la fuerza trabajadora tan pronto se gradúen. Es por esta razón que los padres deben monitorear muy de cerca la educación de sus hijos y asegurarse que ellos lean y resuelvan problemas matemáticos al nivel que les corresponde.

¿Garantiza una educación de calidad el asistir regularmente a la escuela?

Lamentablemente, algunos padres hispanos creen que sí sus hijos asisten a la escuela regularmente, y son promovidos al próximo año escolar, ya están recibiendo una educación de calidad. ¡Ellos están equivocados! El asistir a la escuela regularmente ayuda, pero jamás debe considerarse como el único criterio para determinar si la educación que los hijos están recibiendo es una educación de calidad. Una buena educación va mucho más allá de simplemente asistir todos los días a la escuela.

En este país muchos estudiantes hispanos son promovidos a pesar que sus destrezas en lectura y matemáticas están bien por debajo del nivel que les corresponde. Ya vimos en la introducción de este libro que el promedio de lectura de los niños hispanos en cuarto grado es equivalente al de los estudiantes de la raza blanca de segundo grado. Y los promedios de lectura y matemáticas de los estudiantes hispanos en duodécimo grado son equivalentes al de los estudiantes de la raza blanca en octavo grado. Yo le garantizo a usted que muchos padres hispanos no están conscientes de esta triste realidad.

¿Garantiza una educación de calidad el que los jóvenes se gradúen de la Secundaria?

Todos los hispanos debemos entender que la economía de hoy demanda que los jóvenes adquieran algún tipo de educación después que se gradúen de la escuela secundaria. Los años cuando el graduarse de la Secundaria era algo extraordinario ya quedaron atrás. ¿Por qué? Porque el 80% de los trabajos de mayor crecimiento en los Estados Unidos requieren que las personas tengan una educación post-secundaria, ya sea vocacional, técnica o universitaria. Los trabajos que sólo exigen un diploma de la escuela secundaria son escasos y por lo general pagan muy poco y no ofrecen buenos beneficios.

La mayoría de los jóvenes hispanos están conscientes que tienen que seguir estudiando después de que se gradúen de la escuela secundaria. El problema es que la mayoría de las carreras post-secundarias exigen que los estudiantes sean diestros en la lectura y en las matemáticas. Es por esa razón que muchos de los jóvenes hispanos que se registran en las escuelas vocacionales, técnicas o universitarias terminan dándose de baja antes de terminar el primer año escolar. Ellos se graduaron de la Secundaria sin las destrezas necesarias para sacar una carrera post-secundaria.

Esto que acabo de compartir con usted lo viví "en carne propia." Me gradué de la escuela secundaria con un promedio académico de 4.00 puntos, el promedio de "A" más alto que para aquel entonces se podía obtener. Sin embargo, cuando tomé el examen de admisión a la universidad, el *College Entrance Examination Board*, saqué puntuaciones tan bajas que los consejeros académicos del Colegio Regional de Bayamón, en Puerto Rico, tuvieron que registrarme en cursos compensatorios o de recuperación. Durante mi primer año en la universidad tuve que tomar cursos que me enseñaron las destrezas de lectura y matemáticas que debí haber aprendido cuando estaba en la escuela secundaria.

Estaba tan decepcionada. ¡Qué pérdida de tiempo! ¿Cómo es posible que con un promedio académico tan alto (4.0 puntos) yo no tuviera las destrezas necesarias para tomar cursos universitarios? Mi propia experiencia nos muestra que el hecho que nuestros hijos asistan a la escuela o se gradúen de la escuela secundaria no garantiza que hayan recibido una educación de calidad. Ciertamente yo saqué "A" en todos los cursos que tomé. Pero lamentablemente nunca tomé los cursos que me preparaban para una carrera universitaria. Yo me gradué de la escuela secundaria con los requisitos mínimos de graduación. Yo era una niña muy pobre en Puerto Rico. Y para aquel entonces no había muchas oportunidades para niños que vivían en pobreza como yo. Pero hoy día en los Estados Unidos la situación es diferente. Todos los niños, independientemente del nivel socio-económico al que pertenezcan, pueden y deben tener acceso a una educación de calidad.

¿Por qué será que algunos jóvenes hispanos no toman los cursos que les preparan para una educación post-secundaria?

Me da mucha pena cuando escucho a maestros de la escuela secundaria quejarse de la falta de interés que los estudiantes hispanos tienen en tomar cursos avanzados de matemáticas y ciencias. Una maestra de matemáticas una vez me dijo, "Los muchachos hispanos 'brillan por su ausencia' en los cursos que realmente los preparan para carrera universitarias." Según los maestros, estos estudiantes, especialmente los que llevan poco tiempo en los Estados Unidos, no aprovechan todas las oportunidades que las escuelas les ofrecen de aprender y lograr mayores triunfos académicos. Aunque las oportunidades se les presenten, ellos se conforman con tomar lo mínimo que se requiere para graduarse de la escuela secundaria. Por otro lado, yo escucho a esos mismos estudiantes expresar satisfacción por las cosas que ya han logrado. El hecho de estar en los Estados Unidos, de por sí, ya lo consideran un triunfo. Entienden el idioma inglés lo suficiente para conseguir, como dicen ellos, "un trabajito que más o menos les pague bien." Según ellos, ganan más dinero que lo que sus padres ganaban en sus países de origen. Además, pronto se graduarán de la Secundaria siendo los primeros en sus familias de lograr este triunfo académico. Si nos ponemos a pensar, realmente, todo esto que acabo de señalarle son triunfos grandes. En la mente de estos jóvenes, ellos ya han triunfado en la vida. Con mucho orgullo un estudiante de la Secundaria, que apenas llevaba tres años en este país me dijo, "Dra. Lourdes, para mí, el estar aquí en los Estados Unidos es como un sueño hecho realidad, como haber nacido de nuevo. Yo, ya más o menos hablo inglés; gano más de lo que mis padres ganaban en México; y seré el primero en graduarme en mi familia. Cuando yo vaya a visitar a mi familia en México, ellos van a ver la diferencia." Lo que estos estudiantes han logrado es mucho más de lo que tenían antes, pero mucho menos de lo que este país les ofrece. ¿No cree usted?

¿Por qué será que algunos padres hispanos no valorizan tanto la educación?

Algunos padres hispanos tal vez no valorizan la educación como deberían porque vivían en países latinoamericanos en dónde una educación de calidad no siempre les abría puertas a una vida de calidad. En muchos lugares en el mundo el nivel socio económico de la familia tiene más poder que la educación para determinar el trabajo, posición, beneficios o salario que las personas tendrán. Usted y yo sabemos que la situación aquí en los Estados Unidos es muy diferente. En este país existen muchas oportunidades para aquellos que alcanzan una educación alta. En los Estados Unidos una educación de calidad abre las puertas a una vida de calidad.

¿Qué es lo que implica una vida de calidad?

Durante mis seminarios, por lo general les pregunto a los padres qué es para ellos una vida de calidad. Me he asombrado con muchas de las respuestas que he recibido. Algunos padres, especialmente los que han inmigrado recientemente, definen una vida de calidad de una manera muy diferente a las personas de este país, especialmente los estadounidenses de la clase media. Estos padres creen que ya alcanzaron una vida de calidad por el sólo hecho de estar aquí en los Estados Unidos y tener un trabajo que suple para las necesidades básicas de sus familias. Tienen un techo donde vivir, comida en la mesa, ropa para vestir y un automóvil que más o menos funciona bien. La vida que llevan ahora en los Estados Unidos es de abundancia comparada a la que llevaban en sus países de origen. Un padre de familia una vez me dijo, "Dra. Lourdes, yo llevo una vida de ricos comparada a la vida que dejé atrás." Mi experiencia fue algo similar.

Después de haber vivido once años en la República de Guatemala, en 1990, emigré hacia los Estados Unidos. Al principio todo me parecía maravilloso. ¡Yo me sentía en la gloria! Conseguí un apartamento chiquito con aire acondicionado. Todos los muebles eran de segundas manos pero para mí, eran como nuevos. Mi carro, a veces prendía y a veces no, pero me llevaba a donde tenía que ir. En aquel entonces, yo me sentía muy contenta ya que finalmente vivía en los Estados Unidos y tenía mucho más de lo que tenía antes en Centro América. Pero ésta complacencia no me duró mucho tiempo. Antes del año me di cuenta que la vida que llevaba no era la vida de calidad que este país me podía dar.

Una vida de calidad va mucho más allá de simplemente tener lo necesario para sobrevivir. Una vida de calidad incluye el tener estabilidad económica; salud física, emocional y social; personas con las cuales uno pueda contar; libertad de definir el futuro propio; y sobre todo, la oportunidad de dejar una legacía en la vida.

Las personas que alcanzan estabilidad financiera pueden no sólo proveer para las necesidades básicas de sus familias, sino que además disfrutar de algunos de los placeres de la vida, algo que es esencial para promover la felicidad familiar. Las personas que gozan de salud física, emocional y social tienen un potencial mayor para educarse, algo que es necesario para conseguir un trabajo que pague bien y ofrezca beneficios. Las personas que se rodean de personas con las cuales puedan contar, tienen el apoyo necesario para explorar soluciones a problemas y enfrentar los retos de la vida. Las personas que tienen la habilidad de definir sus propios futuros, pueden crear opciones para ellos mismos y convertir sus sueños en realidad. Finalmente, las personas que tienen la oportunidad de dejar una legacía en la vida, pueden ir más allá de lograr sus metas personales y hacer una diferencia en la vida de los demás. Ellos serán recordados más allá de sus vidas terrenales.

Como ya usted ve, muchos de nuestros hermanos hispanos tienen un concepto muy limitado de lo que significa una vida de calidad aquí en los Estados Unidos. Mucha de nuestra gente se conforma con un estilo de vida que es inaceptable para la mayoría de la gente en este país. Este conformismo es como una ceguera que no les permite ver todas las oportunidades que este país les ofrece.

¿Qué es lo que podemos concluir?

En conclusión, abrazar la idea que una educación de calidad es la puerta que conduce a una vida de calidad debe ser definitivamente la primera de las diez competencias que todos los padres hispanos debemos demostrar. Ya vimos que en las épocas anteriores sólo se necesitaba determinación y una ética de trabajo fuerte para alcanzar el Sueño Americano. En cambio, en la Era de Información que hoy vivimos, una buena educación es lo que abre las puertas a trabajos que pagan bien y que además ofrecen beneficios.

El que nuestros hijos asistan a la escuela o se gradúen de la Secundaria no garantiza que hayan recibido una educación de calidad. Por un lado vemos que miles de niños hispanos son promovidos y se gradúan de las escuelas secundarias sin las destrezas en lectura y matemáticas que se necesitan para sacar una carrera post-secundaria, ya sea vocacional, técnica o universitaria. Por otro lado, vemos a mucha de nuestra gente hispana que sienten que ya alcanzaron una vida de calidad cuando comparan lo que han logrado aquí en los Estados Unidos con lo que dejaron atrás en sus países de origen. ¡Perdóneme! Pero los que piensan así están bien equivocados.

Este país nos ofrece oportunidades más allá de nuestra imaginación. Pero esas oportunidades se logran a través de una buena educación. ¡Creame! La educación de nuestros hijos está en nuestras manos. Es nuestra la responsabilidad de que ellos reciban una educación de calidad para que así alcancen una vida de calidad. Es por esa razón que no nos queda otra mi querido hermano que sentarnos en la silla del conductor. Con mucho amor le pido que, hoy mismo, se salga de la silla de atrás, se salga de la silla del pasajero y se siente en la silla del conductor. Agarre el volante del vehículo y conduzca a sus hijos al triunfo académico.

Preguntas de Reflexión

1. ¿Cuáles son los niveles de lectura y matemáticas de sus hijos?

2. ¿Qué más puede usted hacer para asegurarse que sus hijos reciban una educación de calidad?

3. ¿Qué es para usted una vida de calidad?

4. ¿Qué fue lo que más captó su atención en este capítulo?

Dra. María de Lourdes

CAPÍTULO 2

SUPLIR LAS NECESIDADES BÁSICAS

Competencia 2: Los padres suplen para las necesidades básicas de sus hijos dentro del contexto cultural norteamericano.

Estoy segura que usted estará de acuerdo conmigo que es prácticamente imposible que los niños puedan salir bien en sus estudios aquí en los Estados Unidos si los padres no saben o no pueden suplir las necesidades básicas de ellos, de acuerdo a las normas de este país. *Es por esa razón que considero que la habilidad para suplir las necesidades básicas de los hijos, dentro del contexto cultural norteamericano, debe ser la segunda de las diez competencias que los padres hispanos debemos demostrar.*

El ser padre o madre definitivamente no es fácil. Lo sé por experiencia propia. Dios me bendijo con tres hijos maravillosos, Rebecca, Jonathan y Deborah. Las necesidades básicas de los niños son muchas y los padres somos responsables de suplir cada una de ellas. Estas necesidades se dividen en tres categorías bien importantes: las necesidades físicas, las necesidades emocionales y las necesidades sociales.

Las necesidades físicas de los niños incluyen un lugar adecuado donde vivir, una dieta saludable, y atención médica. Emocionalmente, los niños necesitan mucho amor, disciplina en el hogar, y un apoyo emocional consistente. Y en el área social, los niños necesitan poder comunicarse de manera efectiva, ser aceptados entre las personas que les rodean, y jugar un papel significativo en los círculos sociales a los cuales pertenecen. Es sumamente importante que entendamos que los niños no pueden tener un desarrollo físico, emocional y social apropiado si sus necesidades básicas no son suplidas.

Ahora, estas necesidades básicas deben ser suplidas dentro del contexto cultural de los Estados Unidos; esto es, de acuerdo a las normas sociales de este país. Usted se estará preguntando a qué me refiero cuando digo dentro del contexto cultural de los Estados Unidos. Me refiero a que cada país tiene su propia cultura. Y la cultura, mi querido padre hispano, va mucho más allá del idioma que la gente habla, el tipo de comida que comen o la música que bailan. No todo el que habla español es hispano; no todo el que come tortillas es mexicano; y no todo el que baila Salsa es puertorriqueño. ¿Cierto? Entonces, ¿qué es la cultura? La cultura de un pueblo es el marco de referencia que la gente utiliza para relacionarse entre ellos mismos e interpretar las experiencias de la vida. En otras palabras, la cultura de un pueblo determina la manera en que la gente piensa y el modo en que hacen las cosas. La cultura de un pueblo es tan poderosa que determina la manera en que los padres crían a sus hijos y la manera en que suplen sus necesidades básicas.

Ahora, preste mucha atención a lo que le voy a decir. Para poder suplir las necesidades básicas de nuestros hijos, de acuerdo a las normas sociales de este país, necesitamos pasar por tres procesos de transformación. Por ejemplo, usted y yo sabemos que las mariposas no llegan a ser mariposas de la noche a la mañana. De huevo se transforman en larva; de larva se transforman en pupa; y de pupa finalmente se transforman en mariposas. De igual manera nosotros, mi querido amigo, debemos ser transformados. Debemos cambiar

nuestra manera de pensar y hacer las cosas para así suplir para las necesidades básicas de nuestros hijos en concierto con la cultura de este país.

¿Cuál es la primera transformación?

La primera transformación ocurre cuando aprendemos a ver a nuestros hijos como individuos y no simplemente como miembros de la familia. Cuando esta transformación ocurre tomamos decisiones familiares en base a lo que conviene a cada hijo de manera individual. Sé por experiencia que hay ocasiones en que, lo que conviene a la familia en general perjudica a un hijo en particular. Por ejemplo, los padres pueden necesitar a alguien que les sirva de intérprete, les cuide al bebé, o trabaje para contribuir con los gastos familiares. Fui maestra de matemáticas por muchos años. Fui testigo de la gran cantidad de jóvenes hispanos que se ausentaban de la escuela por estar traduciendo documentos o sirviendo de intérpretes para los padres. Tenía estudiantes que no me cumplían con las tareas de matemáticas por estar cuidando a los hermanos menores. Y otros, que no se preparaban para los exámenes porque estaban demasiado cansados después de trabajar tantas horas. En estos ejemplos usted ve que la familia en general se beneficia con tener un hijo que les interprete, les ayude con el cuidado de los niños menores o que contribuya con los gastos familiares. Por otro lado, el hijo o hija, en particular, se perjudica al no tener la oportunidad de leer todos los días, cumplir con las tareas escolares y estudiar para los exámenes. Esta es la realidad que viven miles de jóvenes hispanos en toda la nación norteamericana. Muchos de ellos se desaniman, pierden interés en los estudios y terminan dejando la escuela.

Quisiera compartir con usted un ejemplo de cómo a veces lo que conviene a un hijo en particular no conviene a la familia en general. Cuando mi hija Deborah, la bebé de la familia, cursaba su tercer año de la escuela secundaria, se empeñó en solicitar admisión en una de las universidades más prestigiosas en la nación, *The Cooper Union*, en Manhattan, Nueva York. Para aquel entonces vivíamos en la Florida. Me puse a pensar: "¿Cómo se le ocurre a esta niña irse tan lejos? Si ella se va, me quedaré completamente sola. ¡Imposible que ella me haga eso!" Luego de unos cuantos meses le llegó la carta de aceptación. No sólo la aceptaron sino que le ofrecieron pagarle toda la carrera. En otras palabras, no tenía que pagar ni un sólo centavo por los cursos. Mientras ella celebraba, saltaba de alegría y llamaba a todas sus amistades para contarles que la habían aceptado, yo sufría en silencio y no decía ni una palabra. Como familia nos convenía que ella asistiera a una universidad cerca de la casa para así vivir conmigo y darme compañía. ¡Qué horror el quedarme sola! Por otro lado, a ella como individuo le convenía sacar una carrera en una universidad tan prestigiosa como *The Cooper Union*, y ver su sueño hecho realidad. En mi desesperación busqué el consejo con los maestros de ella. Me acuerdo como si fuera hoy mismo. Dulcemente y con mucha paciencia los maestros me aconsejaron que la dejara ir. A Deborah le convenía irse aunque yo me quedara sola. El consejo que me dieron cambió mi manera de pensar. ¡Yo fui transformada! Le di mi bendición y créame que valió la pena. Hoy, con mucho orgullo puedo decir que ya se graduó como arquitecto y es la única mujer y supervisora de una compañía de construcción en el estado de la Florida.

¿Cuál es la segunda transformación?

La segunda transformación viene como resultado del doloroso proceso de aculturación que todos tenemos que pasar. El proceso de aculturación consiste de una serie de etapas. La primera de estas etapas es la luna de miel. En esta etapa, que por lo general dura unas pocas semanas, todo se ve maravilloso. Cuando llegué a este país, al principio vivía enamorada de las calles amplias, las tiendas olorosas y las casas llenas de toda clase de aparatos electrónicos. Pero cuando se acaba la luna de miel, se entra a la segunda etapa, la etapa del topetazo. Esta etapa es bien dura y puede durar algunos meses. Es aquí cuando empezamos a extrañar a nuestros países. Nos llenamos de tristeza por haber dejado atrás a nuestros seres queridos y todo aquello que conocíamos y era familiar para nosotros. ¡Nos sentimos huérfanos de patria! De esta etapa tan triste uno pasa a la etapa del estrés. Esta es la etapa del "tira y jala." Luchamos por encontrar un equilibrio en nuestras vidas. Reconocemos que nuestras vidas serán diferentes y luchamos por adaptarnos. En mi caso, yo me sentía como la India María, "ni de aquí ni de allá." Y finalmente, con la ayuda de Dios, uno llega a la etapa deseada, a la que todos debemos llegar, la etapa de adaptación o aculturación. Esta es la etapa en donde finalmente encontramos el equilibrio que nuestras vidas necesitan. Nos sentimos orgullosos de ser hispanos, tratamos de conservar nuestra cultura, pero también sabemos cómo navegar en la cultura norteamericana. Al contrario de la India María, "somos de aquí y somos de allá."

Lamentablemente, algunos de nuestros hermanos hispanos, cuando salen de la etapa de la luna de miel se quedan atorados en las etapas del topetazo o la del estrés. Preste por favor mucha atención. Es muy difícil suplir las necesidades básicas de nuestros hijos, especialmente las necesidades emocionales, cuando nos quedamos atorados en estas dos etapas y no llegamos a la etapa de adaptación.

Quisiera compartir con usted otra experiencia muy personal. No hace mucho tiempo que mi hija mayor Rebecca y yo tuvimos una conversación muy interesante acerca de aquellos primeros años cuando emigramos a este país. Para aquel entonces vivíamos en Florida y ella apenas cursaba la escuela secundaria. "Mami, que mucho sufrí durante esos primeros años," me dijo ella. Y para mi sorpresa luego añadió, "Yo vivía deprimida todo el tiempo. Sentía que no podía ir contigo por consuelo porque tú estabas toda estresada, ahogada en tus propios problemas." Ahora que miro hacia atrás, me da mucha tristeza al saber que no pude ayudar a mi hija cuando ella más me necesitaba. Gracias a Dios no me quede atorada en esas etapas. Hoy me encuentro en la etapa de adaptación. ¡Nuevamente fui transformada!

¿Cuál es la tercera transformación?

La tercera transformación que todos los inmigrantes pasamos ocurre cuando asimilamos los tres aspectos más importantes de la cultura norteamericana, el idioma inglés, las creencias y los valores. ¿Por qué? Porque el conocimiento del idioma, los valores y creencias de la cultura norteamericana cambian nuestra manera de pensar y por consecuencia cambian la manera en que hacemos las cosas. El conocimiento definitivamente nos da el poder que necesitamos para criar y suplir las necesidades de nuestros hijos dentro del contexto cultural de este país.

El aprender inglés es extremadamente importante. Así como se necesita saber español para vivir en cualquier parte de la América Latina, se necesita saber inglés para vivir en los Estados Unidos. Por ejemplo, los hispanos que no son competentes en el idioma inglés tienen grandes dificultades consiguiendo un trabajo que pague lo suficiente para sostener a sus familias. El no saber inglés no les permite a los padres comunicarse con los maestros de una manera productiva. El no dominar el idioma inglés impide que los padres protejan a sus hijos de los peligros que están expuestos a través de la red cibernética o *Internet*, la televisión y el teléfono celular.

Yo no dominaba el inglés cuando vine a este país. Me acuerdo lo difícil que se me hacía monitorear la educación de mis tres hijos. A la medida que aprendía el idioma inglés cambiaba la manera de pensar y de hacer las cosas. Hoy le puedo decir que el conocimiento del idioma inglés me transformó y me dio el poder que necesitaba para suplir las necesidades de mis tres hijos.

El aprender los valores norteamericanos también cambia la manera en que pensamos y hacemos las cosas. En este país, por ejemplo, se valoriza mucho la seguridad de los niños. Cuando se maneja un vehículo con niños abordo tenemos que sentarlos en asientos de seguridad, apropiados a la edad y al peso de la criatura. El no hacerlo trae grandes problemas con la ley porque es considerado abandono o abuso infantil. Me acuerdo que cuando mis hijos eran pequeños y vivíamos en Guatemala, nunca los sentaba en asientos de seguridad. Cada vez que pegaba el freno usaba mi brazo derecho para evitar que se golpearan con la parte de enfrente del vehículo. ¿Usted se puede imaginar lo que ocurriría si yo hiciera eso en este país? Estaría en la cárcel y no escribiendo este libro. El aprender los valores norteamericanos cambió la manera en que yo cuidaba a mis niños y la manera en que hoy día atiendo a mis nietos.

Es también importantísimo que entendamos las creencias de la cultura norteamericana. Por ejemplo, los estadounidenses no creen en el castigo corporal. De donde yo vengo no hay nada mejor que una buena paliza para hacer que un hijo se comporte como Dios manda. Yo me acuerdo de la última paliza que le di a mi hijo Jonathan. ¡Pobrecito! Para aquel entonces llevábamos poco tiempo en los Estados Unidos, vivíamos en Miami y él era apenas un pre-adolescente. El niño se fue en su bicicleta y se me desapareció por horas. ¡Casi me muero del susto! Lo encontré a unos bloques de la casa platicando embelesado con una niña bien bonita. Ya usted sabe. Mi rabia fue tan grande que cuando llegó a la casa le caí a correazos. Luego me enteré que en este país esas palizas son consideradas abuso infantil y son penalizadas. Tuve que aprender maneras diferentes de disciplinar a mis hijos o atenerme a las consecuencias. Yo creo que usted sabe a lo que me refiero.

¿Qué es lo que podemos concluir?

Ya hemos visto que las mariposas no nacen mariposas, sino que son el resultado de varias transformaciones. De la misma manera debemos nosotros ser transformados para así suplir las necesidades básicas de nuestros hijos de acuerdo al contexto cultural de los Estados Unidos - la segunda de las diez competencias que los padres hispanos debemos alcanzar.

Debemos cambiar la manera en que pensamos respecto a nuestros hijos. Debemos recordar que cada uno de ellos tiene sus propias necesidades y aspiraciones individuales. Lo que conviene a la familia no siempre conviene a un hijo individual.

Queramos o no, pasamos por el largo y muchas veces doloroso proceso de aculturación. La etapa de luna de miel no dura y las del topetazo y estrés no nos ayudan a cumplir con las responsabilidades que nos tocan. Es en la etapa de adaptación donde encontramos el equilibrio que necesitamos para gobernar y atender a nuestras familias de acuerdo a la cultura de este país.

El aprender inglés y conocer las creencias y valores norteamericanos nos transforma y nos da poder para alcanzar un futuro mejor para nuestras familias.

Nunca nos olvidemos que en cuanto a la educación de nuestros hijos se trata, tenemos que sentarnos en la silla del conductor. El tomar control del volante va a requerir que como las mariposas seamos transformados.

Preguntas de Reflexión

1. ¿Qué más puede usted hacer o dejar de hacer para respetar la individualidad de cada uno de sus hijos?

2. ¿En cuál de las etapas de aculturación se encuentra usted?

3. ¿Qué aspectos de la cultura norteamericana se le ha hecho más difícil aceptar?

4. ¿Qué fue lo que más captó su atención en este capítulo?

Dra. María de Lourdes

.

CAPÍTULO 3

VENCER LOS RETOS DEL INMIGRANTE

Competencia 3: Los padres vencen los retos que vienen como resultado de haber inmigrado a los Estados Unidos.

La razón principal por la cual nosotros los hispanos hemos venido a los Estados Unidos es para darles a nuestros hijos la oportunidad de un futuro mejor, una vida mejor que la que llevábamos en nuestros países de origen. El ser inmigrante no es nada fácil. Son muchísimos los retos que enfrentamos por causa de haber dejado nuestras patrias y todo aquello que era familiar para nosotros. *Es por esa razón que considero, que la habilidad de vencer los retos que vienen como resultado de haber inmigrado a los Estados Unidos, debe ser la tercera de las diez competencias que los padres hispanos debemos demostrar.*

Yo siempre he dicho que el espíritu del inmigrante es el espíritu del águila. Las águilas no se mantienen en el suelo como las gallinas. Ellas se remontan a los picos más altos y desde allí alzan vuelo. Nosotros, así como las águilas, debemos utilizar los vientos provocados por los retos que enfrentamos para alcanzar la altura que necesitamos para lograr nuestras metas. Entre los muchos retos que enfrentan los inmigrantes, hay cuatro en particular que quisiera presentar.

¿Cuál es el primer reto más grande que los inmigrantes enfrentan?

El primero de los retos más grandes que los inmigrantes enfrentan es la falta de conocimiento del idioma inglés. La falta de conocimiento o dominio del idioma inglés constituye una barrera grandísima. La mayoría de las personas, que sólo se comunican en el idioma inglés, no tienen idea de lo que se sufre cuando uno no tiene las palabras que se necesitan para expresar lo que piensa. Las personas que no dominan el inglés, en cierta manera, se sienten incapacitadas ya que les cuesta cumplir con muchas de las tareas cotidianas de la vida. Estas incluyen conseguir y mantener un trabajo que más o menos pague bien; encontrar y mantener un lugar adecuado donde vivir; y supervisar y dirigir las carreras académicas de los hijos.

A través de los años nosotros los adultos hemos acumulado un mundo de conocimiento. Como dicen por ahí, "no hay una universidad mejor que la universidad de la vida." El habernos graduado de la universidad de la vida nos otorgó independencia y privacidad. Pero, cuando no dominamos el idioma inglés, tenemos que depender de otras personas para que nos traduzcan o interpreten. Y por consecuente perdemos independencia al depender de otras personas y perdemos privacidad cuando otros, mientras traducen e interpretan, se enteran de nuestros asuntos personales y familiares.

Esta situación se complica aún más cuando comenzamos a depender de los hijos en vez de los hijos depender de nosotros. Y esto puede tener un impacto negativo en la dinámica de la vida familiar. No hace mucho me enteré que, en un día de clases, una madre hispana se llevó al hijo que apenas tenía 10 años de edad a una cita con el ginecólogo. Ella necesitaba que el hijo le interpretara. El médico no sabía español y ella casi no entendía inglés. Durante la cita médica el niño le tradujo a la mamá que los resultados de laboratorio indicaban que ella tenía cáncer. ¡Qué golpe tan grande para ese niño! Usted estará de acuerdo conmigo que una criatura de esa edad no tiene la madurez para lidiar con una situación como esa. La dependencia de la madre creó un trauma emocional en la vida del niño.

¿Cuál es el segundo reto más grande que los inmigrantes enfrentan?

El segundo de los retos más grandes que los inmigrantes enfrentan es la diferencia tan enorme que existe entre la cultura estadounidense y la cultura hispana. Ya hemos aprendido en el capítulo 2 que la cultura de un pueblo va más allá del idioma que hablan, la comida que comen, o la música que bailan. La cultura de un pueblo determina la manera en que las personas piensan y hacen las cosas. Por lo tanto, es un reto para nosotros los inmigrantes el adaptarnos a una vida aquí en los Estados Unidos cuando nuestra manera de pensar y hacer las cosas es tan diferente a la de las personas de este país.

Usted ya se habrá dado cuenta que nuestros valores y creencias son muy diferentes a las de los estadounidenses. Por ejemplo, nosotros los hispanos valorizamos mucho a la familia extendida. Permítame explicarme. Cuando los estadounidenses hablan de la familia, por lo general sólo se refieren al papá, la mamá y a los hijos. Nosotros en cambio, además del papá, la mamá y los hijos, incluimos a los abuelos, tíos, primos y hasta los padrinos. Los abuelos, tíos y primos juegan un papel importantísimo en la familia hispana. Personalmente, le doy gracias a Dios por mi hermana Vilma. Ella ha estado presente en la vida de mis tres hijos desde que nacieron y hasta el día de hoy esta tía ha sido como una madre para cada uno de ellos. Estoy segura que usted tiene personas como mi hermana Vilma en su familia.

Quisiera darle otro ejemplo de la diferencia que existe entre la cultura norteamericana y la cultura hispana. Nosotros por lo general creemos que es una falta de respeto que un niño mire a los ojos de la persona que le está regañando por haber hecho algo incorrecto. En la América Latina, cuando se regaña a los niños, se espera que ellos bajen la mirada en señal de respeto. En cambio aquí, en los Estados Unidos, se espera que el niño levante la cabeza y mire directamente a los ojos de aquel que le está llamando la atención. Con un tono de voz bien fuerte, yo una vez escuché a un maestro decirle a un niño hispano que apenas tenía 6 años, "Mírame a los ojos cuando te corrijo." El pobre muchacho estaba confundido y no sabía qué hacer. En la casa tenía que bajar la mirada y en la escuela tenía que subirla.

¿Cuál es el tercer reto más grande que los inmigrantes enfrentan?

El tercero de los retos más grandes que los inmigrantes enfrentan es las ideas y actitudes negativas que algunas personas tienen acerca de los hispanos. Estas ideas y actitudes negativas las encontramos como dicen por ahí, "en vivo y a todo color," por donde quiera que vayamos. La situación se nos empeora cuando los medios de comunicación diariamente magnifican cualquier incidente negativo que involucre a un hispano. En Puerto Rico dicen que "le echan leña al fuego para que arda." Algunos hermanos hispanos con mucha ansiedad y tristeza me han preguntado, "¿Por qué será que tanta gente no nos quiere? ¿Por qué será que piensan tan mal de nosotros los hispanos?" Ellos me han comentado una y otra vez, "Somos gente de familia y sólo queremos trabajar."

Existen varias razones por la cual algunas personas, no todas, tienen un concepto negativo acerca de los hispanos. Entre ellas se encuentran que la gran mayoría de los hispanos son personas de bien bajos recursos económicos. El 67% de los hispanos, o 2 de cada 3, viven bajo el nivel de pobreza. La escasez económica obliga a muchos hispanos a vivir en vecindarios de baja reputación.

También afecta nuestra imagen el hecho que muchos de los estudiantes hispanos no triunfan en la escuela. Las escuelas que tienen un porcentaje alto de estudiantes hispanos tienden a ser catalogadas como escuelas de pobre rendimiento académico. Esto afecta de manera negativa la reputación de la escuela y la imagen que las personas tienen acerca de la comunidad hispana.

Otra razón es que los hispanos están sobre-representados en el sistema penal. Por ejemplo, muchos hispanos tienen problemas con la ley por manejar bajo la influencia del alcohol, hacer actos de violencia en el hogar, usar drogar ilícitas e involucrarse con las pandillas. No hace mucho un padre hispano me comentó lo avergonzado que estaba de la comunidad donde vivía. Según él, "La policía ya no haya más que hacer. Solo en la noche del día de Acción de Gracias arrestaron a más de 100 personas por andar manejando bajo la influencia del alcohol y cada uno de los que arrestaron eran hispanos." Usted estará de acuerdo conmigo que cosas como esta lastiman la imagen que las autoridades policiacas tienen acerca de los hispanos.

Todo esto que acabo de mencionar, el porcentaje tan alto de hispanos viviendo en pobreza, el bajo rendimiento académico de los estudiantes hispanos, y la gran cantidad de hispanos teniendo problemas con la ley ha perjudicado grandemente la perspectiva que las personas tienen acerca de los hispanos.

¿Cuál es el cuarto reto más grande que los inmigrantes enfrentan?

El cuarto de los retos más grandes que enfrentan los hispanos es el no tener residencia legal en este país o el "no tener papeles." ¡El estar indocumentado es una barrera inmensurable! De acuerdo a los expertos, hay aproximadamente 12 millones de personas indocumentadas en los Estados Unidos y casi el 60% de ellos son mexicanos. Es muy difícil o imposible obtener licencia para conducir si no se es residente legal. Si la transportación pública no es buena, el ir y regresar del trabajo es una experiencia espinosa. Y aquellos que manejan sin licencia se arriesgan a ser multados y en ocasiones hasta ser deportados. Cada vez se hace más difícil conseguir un trabajo, cualquiera que sea, si no se tiene un número de seguro social. Aquellas compañías o negocios que emplean personas indocumentadas se arriesgan a meterse en problemas con el gobierno Federal. Y sin trabajo, ¿cómo se puede sostener a la familia? Las personas indocumentadas por lo general viven vidas marginadas a la sociedad. Un padre hispano, bien honesto y trabajador, una vez me dijo, "Dra. Lourdes, yo no tengo paz. Siempre vivo con miedo de que cuando menos lo espere sea deportado."

Ya hemos discutido los cuatro retos más grandes que los hispanos enfrentan cuando emigran a los Estados Unidos. Quisiera ahora presentarle cuatro estrategias que por experiencia propia sé que le ayudará a vencer éstos y cualquier otro reto que enfrente en la vida como inmigrante.

¿Cuál es la primera estrategia para vencer los retos?

La primera de las cuatro estrategias para vencer los retos es asumir una actitud de victoria y no de fracaso. Es sumamente importante que veamos la vida a través de un lente de victoria y no de fracaso. Las personas que ven la vida a través de un lente de fracaso siempre se sienten víctimas de las circunstancias que les rodean. Estas personas viven convencidas que no hay nada o muy poco que puedan hacer para vencer los retos que la vida les presenta. Por lo general se tienen lástima a sí mismos. La idea de "pobrecito yo" está plasmada en sus mentes.

En cambio, aquellos inmigrantes que ven la vida a través de un lente de victoria, sienten que tienen control sobre sus propios destinos. Aunque ellos enfrentan los mismos retos que todos los demás, no los miran como algo imposible. Ellos creen que existen muchas maneras de alcanzar las metas que se han propuesto. Por lo general no se toman lástima. La idea de "sí, se puede" está plasmada en sus mentes. Si vemos la vida a través de un lente de victoria ponemos en práctica toda clase de estrategias y hacemos lo imposible por lograr nuestros sueños.

Sufrí mucho cuando vine a este país, especialmente durante mis primeros 5 años. Aprendí que tomándome lástima no iba a lograr mis metas ni alcanzar mis sueños. En mis presentaciones yo siempre les digo a las gentes que, "Yo vine a este país a triunfar y no a fracasar. ¿Fracasar yo? ¡Imposible!" Como dije anteriormente, el espíritu del inmigrante tiene que ser el espíritu del águila. Los retos que enfrentamos producen vientos que, si queremos, nos pueden ayudar a alcanzar metas aun más altas en la vida.

¿Cuál es la segunda estrategia para vencer los retos?

La segunda estrategia para vencer los retos es buscar continuamente oportunidades de aprender. Cuando aprendemos nos llenamos de conocimiento y el conocimiento nos da poder para vencer los retos de la vida. Lo primero que debemos aprender es inglés. En las comunidades hispanas por lo general existen muchos programas para los adultos aprender inglés como segundo idioma. Yo he visto que la mayoría de estos programas se ofrecen a bajo costo o gratuitos. Por ejemplo, de lunes a jueves, durante las noches, muchas de las escuelas secundarias ofrecen el programa *English as a Second Language (ESL)* o Inglés Como Segundo Idioma. Los directores de las escuelas secundarias por lo general están bien informados acerca de éste y otros programas más que se ofrecen para adultos por las noches.

Con aprender inglés definitivamente no basta. Los padres debemos de ponernos al día con la nueva tecnología. Debemos aprender lo antes posible como manejar y hacer buen uso de las computadoras y toda clase de instrumento tecnológico, incluyendo los teléfonos celulares, *Global Positioning System (GPS)*, etc. El poder manejar de manera efectiva todos estos instrumentos tecnológicos nos va a ayudar a mejorar nuestro estilo de vida y monitorear de manera más efectiva la educación de nuestros hijos. Es casi seguro que en las mismas escuelas que ofrecen clases de *ESL* para adultos también ofrecen cursos que enseñan cómo usar las computadoras. En estos cursos los adultos aprenden a usar el *Internet*, enviar correos electrónicos o *emails*, abrir y manejar cuentas en *Facebook*, y muchas otras cosas más.

Además de aprender inglés y cómo usar las computadoras, los padres que nunca terminaron la Secundaria deben registrarse en un programa que les prepare para pasar la prueba del *General Education Diploma*, también conocida como el *GED*. El pasar esta prueba les otorga a los adultos un diploma equivalente al de la escuela secundaria.

Lo interesante de este programa es que también se ofrece en español para aquellos padres que aún no dominan el idioma inglés. El programa que les prepara para la prueba *GED* se ofrece en algunas escuelas secundarias y en casi todos los colegios comunitarios. El *GED*, al igual que un diploma de la Secundaria, les permite a los padres sacar una carrera, ya sea vocacional, técnica o universitaria. Usted y yo sabemos que las carreras post-secundarias abren puertas a mayores oportunidades de trabajos que paguen bien y que además ofrezcan beneficios.

No sólo debemos aprender inglés, instruirnos en toda clase de tecnología nueva y aumentar nuestro nivel educacional, sino que además debemos de aprender más acerca de la cultura norteamericana. ¿Qué es lo que los norteamericanos creen? ¿Qué es lo que la gente de este país valoriza? ¿Cómo es que los estadounidenses se relacionan los unos con los otros? La mejor manera que usted y yo podemos aprender la cultura de este país es participando en las actividades o eventos que los norteamericanos asisten. ¿No cree usted? Y cuando asista, preste atención a la manera en que ellos se comportan. Por ejemplo, de vez en cuando, asista a la misa o culto religioso en inglés en vez del español. Y cuando lo haga, venza la timidez y no pierda el tiempo. Busque la manera de hacer amistad con ellos. ¡Yo sé que no es fácil! Acá entre usted y yo, a mí me costó mucho hacer amistad con los norteamericanos porque sentía que eran muy fríos. Además, mi acento era tan fuerte que a veces no me entendían. A mí me daba vergüenza el tener que repetir lo mismo una y otra vez para que me entendieran. Pero mi esfuerzo valió la pena. Además de mejorar mi inglés y aprender más acerca de la cultura norteamericana me hice de muchísimas buenas amistades que hasta el día de hoy, gracias a Dios, conservo.

Además de aprender inglés, ponernos al día con la nueva tecnología, aumentar nuestro nivel educativo, y aprender más acerca de la cultura norteamericana, debemos mantenernos bien informarnos acerca de las Leyes de Inmigración de este país. Hay que estar al tanto de lo que está ocurriendo en otros estados de la nación relacionado a los inmigrantes. Lo que ocurre en un estado de la nación por lo general se repite o afecta a los otros. Siempre aconsejo a los padres inmigrantes, especialmente a los que están indocumentados, que no le presten atención a lo que la gente en el vecindario dice acerca de las leyes y asuntos de inmigración. Hay muchas personas que se creen que saben mucho y les encanta aconsejar a los demás. Ellos tienen muy buenas intenciones pero la información que dan, por lo general, está muy lejos de la verdad. Infórmese con las personas que realmente saben acerca de las leyes que gobiernan los asuntos inmigratorios ya que cada caso es único y debe tratarse de manera individual.

¿Cuál es la tercera estrategia para vencer los retos?

La tercera estrategia que quiero compartir es que se salga fuera de la zona familiar. Los seres humanos por naturaleza preferimos estar en lugares, asistir a actividades, y relacionarnos con personas que nos sean familiares. ¡Es lógico! Lo conocido nos da un sentido de comodidad y seguridad. Por ejemplo, preferimos ir al supermercado donde trabaja el amigo que siempre nos trata bien. Preferimos ver las noticias de Telemundo en vez de las del *CNN*. Si nos dan a escoger, elegimos la música latina sobre la del *Rock and Roll*. Pero para aprender inglés y conocer mejor la cultura norteamericana necesitamos salirnos de ese círculo familiar. Como dije anteriormente, la mejor manera de hacernos más competentes en el idioma inglés y aprender más acerca de la cultura norteamericana es yendo a los lugares y participando en actividades donde podamos relacionarnos con la gente de este país. Cuando nos salimos fuera de la zona familiar podemos conocer personas que tienen información que nos puede ayudar. Estas personas nos pueden indicar acerca de programas y servicios que nos pueden ayudar a mejorar nuestra calidad de vida. Nuestros hijos también se pueden beneficiar. Por ejemplo, cuando decidí asistir a *Christ Fellowship*, una iglesia norteamericana grandísima y de muchos recursos en la ciudad de West Palm Beach, mis tres hijos tuvieron la oportunidad de relacionarse con otros niños de buenos principios, participar en actividades artísticas, e ir a retiros y campamentos de verano. Existen muchas oportunidades de aprender y mejorar nuestras vidas fuera de la zona familiar. ¡Hay que llenarse de valor!

¿Cuál es la cuarta estrategia para vencer los retos?

Finalmente, la cuarta de las estrategias para vencer los retos es conectarse con las personas adecuadas. Hay un dicho que dice, "Dime con quién andas y te diré quién eres." Los hispanos debemos de relacionarnos con personas que nos inspiren y motiven a superarnos y mejorar nuestro estilo de vida. Yo siempre les digo a los padres hispanos que si se rodean de gallinas se les va a olvidar que son águilas y que pueden volar. ¿Quiere aprender inglés? Debe entonces relacionarse con gente que lo habla. ¿Quiere sacar una carrera? Debe entonces relacionarse con gente que estudia. ¿Quiere vivir una vida saludable? Debe entonces relacionarse con gente sin vicios, que comen saludable y hacen ejercicios. La vida me ha enseñado que lo bueno y lo malo de los demás se nos puede pegar. Debemos de asegurarnos que las personas que nos rodean nos ayuden a ser mejores personas y alcanzar las metas que queremos lograr.

¿Qué es lo que podemos concluir?

Como ya hemos visto en este capítulo, los retos que los inmigrantes enfrentan por causa de haber venido a los Estados Unidos son grandes. Es por esa razón que la habilidad de vencerlos debe ser, en mi opinión, la tercera de las diez competencias que los padres debemos alcanzar. Entre los muchos retos se encuentran, el no dominar el idioma inglés; el no conocer bien la cultura norteamericana; las actitudes negativas de las personas en contra de los hispanos; y el estar indocumentados en el país.

Usted y yo sabemos que el haber venido a este país fue por decisión propia. ¿Verdad? Nadie nos forzó a venir. Por lo tanto, debemos asegurarnos que el sacrificio que hicimos al venir a los Estados Unidos no sea en vano. Y como el espíritu del inmigrante es el espíritu del águila, en vez de darnos por vencidos, tenemos que poner en práctica estrategias que nos ayuden a vencer.

Primeramente, vea la vida a través de un lente de victoria y no de fracaso. Usted no es víctima de las circunstancias sino que autor de su propio destino. No deje de aprender. Hágase competente en el idioma inglés. Aprenda más acerca de la cultura norteamericana. Hágase experto en toda clase de nueva tecnología. Alcance niveles más altos de educación. Aprenda todo lo que pueda acerca de las leyes de inmigración. Lo que usted aprenda será suyo para siempre y nadie se lo podrá quitar. Sálgase de la zona familiar. No le tenga miedo a la incomodidad o inseguridad que se siente cuando uno se sale fuera de lo conocido para aventurar a lo desconocido. Conéctese con las personas adecuadas. Trate de relacionarse con gente que le ayuden a vencer los retos y le inspiren a mejorar su estilo de vida. Si se rodea de gallinas se le puede olvidar que es águila.

No olvide la razón por la cual hemos venido a este país. Queremos darles a nuestros hijos la oportunidad de un futuro mejor y ese futuro mejor se alcanza a través de una buena educación. Usted y yo somos los responsables de que ellos reciban una educación de calidad. Y para ello usted tiene que sentarse en la silla del conductor. Vencer los retos que vienen como resultado de haber inmigrado a este país le va a permitir que se salga de la silla del pasajero y tome control del volante. Su victoria sobre los retos se convertirá en la victoria de sus hijos. No tenga miedo. ¡Usted es un águila!

PREGUNTAS DE REFLEXIÓN

1. ¿Cuál es el reto más grande que usted como inmigrante enfrentó o aún está enfrentado?

2. ¿Qué hizo usted o está haciendo para vencer ese reto?

3. ¿Cuál de las ideas presentadas en este capítulo captó más su atención?

Dra. María de Lourdes

CAPÍTULO 4

MANTENER LA UNIDAD FAMILIAR

Competencia 4: Los padres minimizan las brechas lingüísticas, culturales, tecnológicas, educacionales, y de estatus migratorio que pueden causar una división familiar.

Como ya hemos discutido en los capítulos anteriores, cada nación en el mundo tiene su propia cultura y cada cultura tiene sus propias creencias y valores. También vimos que nosotros los hispanos valorizamos muchísimo a la familia porque la consideramos el alma de nuestro pueblo. Los hispanos valorizamos a la familia como los estadounidenses valorizan la libertad de expresión. En este capítulo quisiera hablarle acerca de una de las amenazas más grande que enfrenta la familia hispana que emigra a los Estados Unidos. Esta amenaza a la cual me refiero es la división familiar. En este

libro, la división familiar se define como la separación que se forma en la familia hispana cuando emigra a los Estados Unidos por causa de brechas lingüísticas, culturales, tecnológicas, educacionales y en ocasiones, de estatus migratorio. Estas brechas son como grietas en el fundamento de un edificio. No hay que ser arquitecto ni ingeniero civil para saber qué grietas en el fundamento pueden causar que se derrumbe una casa. *Es por esa razón que considero que la habilidad de mantener la unidad familiar, minimizando estas brechas, debe ser la cuarta de las diez competencias que los padres hispanos debemos demostrar.*

¿Cómo se forma la brecha lingüística?

La primera de las brechas, la brecha lingüística, se forma cuando los niños hispanos, especialmente los más pequeños, son matriculados en las escuelas de este país y rápidamente adquieren la habilidad de comunicarse en el idioma inglés. Y como no toman clases de español, y no tienen oportunidades de practicarlo durante el día, en unos pocos de años se les hace mucho más fácil comunicarse en inglés que en español. En cambio, muchos de los padres hispanos nunca aprenden o logran comunicarse de manera efectiva en el idioma inglés. Soy testigo de que muchos padres hispanos nunca toman un curso de inglés y tampoco buscan oportunidades para practicarlo. Sólo ven canales de televisión y escuchan estaciones radiales en español. Por lo general se relacionan únicamente con personas hispanas que les hablen en español. Y sólo asisten a eventos o actividades donde todas, o casi todas las personas que asisten son hispanas. Pasan cinco, diez y hasta veinte años y nunca logran dominar el idioma inglés. Una jovencita de la escuela secundaria una vez me dijo, "Dra. Lourdes, en la casa yo casi no converso con mis padres. Tampoco les cuento lo que me pasa en la escuela. Mis papás sólo me hablan en español y yo casi no les entiendo. Es por eso que casi no hablamos y cada quien está por su parte." ¡Qué triste! ¿Verdad? Esta brecha lingüística puede afectar de manera negativa la comunicación dentro del núcleo familiar y por consecuente causar una división familiar.

¿Cómo se forma la brecha cultural?

La segunda de las brechas, la brecha cultural, se forma cuando los niños empiezan a asistir a la escuela y desde muy pequeños absorben o asimilan la cultura norteamericana. En poco tiempo los niños adoptan muchas de las creencias, valores, actitudes y perspectivas de la cultura de este país. En cambio los padres, pasan los años y siguen teniendo los mismos problemas entendiendo la manera de pensar y de hacer las cosas de las personas con las cuales sus hijos se relacionan todos los días. Los padres pronto se dan cuenta que la manera en que sus hijos ven la vida es diferente a la de ellos. Muchos jóvenes hispanos me han comentado que se sienten atrapados entre dos culturas muy diferentes, la de este país y la de sus padres. Por ejemplo, los jóvenes hispanos que se han criado en los Estados Unidos se sienten independientes, creen que tienen derechos y demandan ciertas libertades. En cambio los padres no los ven como individuos independientes, sino como miembros y dependientes de la familia.

Probablemente los padres no creen que a esa edad los jóvenes tienen derechos y mucho menos la madurez para gobernar sus propias vidas. Concerniente a éste asunto un estudiante una vez me dijo, "Ya yo no pienso como mis padres. Mis padres no entienden que yo he cambiado y veo las cosas de una manera diferente. Siempre tengo problemas con ellos por causa de esto." Yo personalmente nunca le permitía a mi hija Deborah, la más pequeña, que durmiera en las casas de la amigas. En este país la costumbre de dormir en las casas de las amigas se llama *sleep over*. Yo no creo en *sleep over*. ¡Punto! Creo que a la hora de dormir cada quien debe irse para su casa. Deborah, que prácticamente se había criado en los Estados Unidos, se molestaba mucho conmigo porque quería hacer lo que sus compañeras de clase tenían por costumbre hacer y no entendía él porque yo no le daba permiso. Con toda certeza la brecha cultural puede tener un impacto negativo en la dinámica del hogar y por consecuente causar una división familiar.

¿Cómo se forma la brecha tecnológica?

La tercera de las brechas, la brecha tecnológica, se forma cuando nuestros hijos se inscriben en las escuelas de este país y rápidamente son expuestos a toda clase de tecnología nueva. Desde muy niños aprenden a usar las computadoras y toda clase de instrumento tecnológico. Por ejemplo, los jóvenes de hoy día saben comunicarse con el mundo entero. Ellos navegan en la red cibernética o la *Internet* y usan las cadenas cibernéticas o *websites* como *Facebook* y *MySpace* para hacer y conservar amistades. Mantienen comunicación con los demás por medio de mensajes electrónicos o *email* y textos. Usan los teléfonos celulares para tomar fotos y videos; y en término de segundos, a través de la *Internet*, los ponen a la vista de todo el mundo. Y para el colmo de los colmos, saben cómo hablar con cualquier persona en el mundo cara a cara y gratis a través de programas de la *Internet* tales como *Skype, Google Video* y *Tango.* Mientras tanto, los padres permanecen ajenos en cuanto al manejo de todas estas invenciones tecnológicas.

En una de mis presentaciones para padres hispanos, una madre se me acercó y me dijo, "Dra. Lourdes, yo hice un esfuerzo bien grande para comprar una computadora. Terminé regalándosela a mi hijo de doce años porque no sabía ni como prenderla y mucho menos como usarla." No hace mucho, un estudiante que cursaba la Secundaria me comentó, "Mis padres no tienen idea de con quién hablo o lo que hago cuando estoy frente a la computadora por horas. Ellos se creen que estoy estudiando. Se me hace bien fácil hacer lo que quiera." Como usted ve, la brecha tecnológica tiene el potencial de dividir a la familia dándole poder a los hijos y quitándole poder a los padres. Los padres que no son diestros en la tecnología tienen dificultades supervisando como sus hijos usan la tecnología y esto impide que los protejan de los muchos peligros que están expuestos a través de la *Internet.* La brecha tecnológica además impide que los padres mantengan una comunicación continua con los maestros vía *emails* y supervisen el rendimiento académico de los hijos. Casi todas las escuelas públicas tienen sus propios *websites* y programas que les permiten a los padres verificar las calificaciones que sus hijos obtuvieron en las tareas y exámenes. Estos programas también les informan a los padres si los hijos llegaron tarde a alguna clase o si se ausentaron de la escuela.

¿Cómo se forma la brecha educacional?

La cuarta brecha que amenaza la unidad familiar es la brecha educacional. Esta brecha se forma cuando los hijos progresan a través de los grados académicos y en muchas ocasiones alcanzan niveles educacionales más altos que el de los padres. Yo sé por experiencia propia que la vida no es fácil en muchas partes de la América Latina. Algunos padres inmigrantes, por circunstancias bien difíciles, no pudieron graduarse de la Secundaria. Y hay muchos que sólo llegaron a la escuela elemental. Muchos jóvenes hispanos con mucha pena me han comentado que, en cuanto a sus carreras académicas se trata, ellos están prácticamente solos. La brecha educacional afecta de manera negativa la habilidad de los padres de monitorear la educación de sus hijos. Por ejemplo, a veces los padres no saben qué cursos sus hijos deben elegir para estar mejor preparados para tomar una carrera post-secundaria; o como prepararse para las pruebas de ingreso a la universidad, tales como el *ACT* y *SAT*.

Me entristece además decir que algunos jóvenes hispanos se avergüenzan de los padres que tienen un nivel académico bajo. Menosprecian la autoridad de los padres porque se sienten superiores a ellos. Con una actitud bien arrogante un jovencito hispano una vez me dijo, "Yo nunca les digo a mis padres si hay una actividad en la escuela o junta de padres. Yo no quiero que vengan a la escuela porque me avergüenza que la gente vea que son puros inditos. Ellos no saben nada y siempre tengo que estar explicándoles todo." Le dejo a su imaginación la respuesta que le di a este joven caprichoso.

¿Cómo se forma la brecha de estatus migratorio?

La última de las brechas, la brecha del estatus migratorio, se forma cuando los padres son indocumentados y los hijos nacen en los Estados Unidos y por consecuencia son ciudadanos. Los padres indocumentados por un lado tienen grandes dificultades proveyendo para las necesidades básicas de sus hijos. Y los hijos, por otro lado, viven atemorizados de que sus padres sean repentinamente deportados. Este temor es una fuente de mucho estrés y definitivamente afecta la salud emocional y la unidad familiar. En una de mis visitas a las escuelas elementales le dije a un grupo de estudiantes de tercer grado lo siguiente: "Si yo fuera una Hada Madrina y tuviera todo el poder para concederte lo que quisieras, ¿qué me pedirías?" Un jovencito hispano con una cara de ángel desesperadamente levantaba su manita para captar mi atención y expresar su petición. Me le acerqué y directamente le pregunté, "¿Qué me pedirías?" El niño me dijo, "Dra. Lourdes, yo le pediría que por favor pare las deportaciones." Tuve que contener mis deseos de llorar. Me enteré que en esa ciudad la policía tenía puestos en donde paraban a los carros y le pedían a los choferes la licencia de conducir. Las personas sin licencia y que no mostraban evidencia de residencia legal eran detenidas y luego deportadas. "¿Quién cuidará de mi si deportan a mis padres?" Es todo lo que existe en la mente de miles de niños hispanos ciudadanos norteamericanos cuyos padres simplemente "no tienen papeles." Como usted puede apreciar, la brecha del estatus migratorio separa a la familia. Los padres viven en las sombras de la indocumentación mientras los hijos viven en la luz de la ciudadanía. Esto tiene un impacto sumamente negativo en el desarrollo emocional de los hijos y bienestar de la familia hispana.

¿Qué pueden hacer los padres para minimizar estas brechas?

Y ahora le pregunto, ¿Qué pueden hacer los padres inmigrantes para eliminar o minimizar las brechas lingüísticas, culturales, tecnológicas, educacionales, y de estatus migratorio que amenazan con dividir sus familias? ¿Qué pueden hacer los padres hispanos para conservar la unidad familiar?

Lo primero que les aconsejo a los padres es que aprendan el idioma inglés y se aseguren que sus hijos aprendan el idioma español. Como hemos discutido en los capítulos anteriores, el no saber inglés es uno de los retos más grandes que enfrentan los inmigrantes. No le demos vuelta al asunto. Ya vimos que la mejor o única manera de aprender inglés es estudiándolo y practicándolo. Los padres deben de registrarse en un programa donde lo puedan aprender de una manera formal y buscar oportunidades para practicarlo con regularidad. Yo sé que no es fácil. ¡Pero hay que hacerlo! Consecuentemente, los padres deben asegurarse que los hijos tomen clases formales de español y que tengan muchas oportunidades para practicarlo. Yo les aseguro que con hablarles en español en la casa no basta. Además de entenderlo y hablarlo, los niños deben de leerlo y escribirlo con gran agilidad. Y para eso, tienen que tomar clases de español con maestros que sean expertos en el idioma español. Yo he visto muchos jóvenes hispanos que entienden más o menos lo que escuchan en español, pero tienen muchas dificultades hablándolo. La mayoría de estos jóvenes tampoco lo leen ni lo escriben. La mejor manera de cerrar o minimizar la brecha lingüística es cuando los padres aprenden inglés mientras los hijos aprenden español.

Lo segundo que les aconsejo a los padres es que aprendan la cultura norteamericana y les enseñen a sus hijos la cultura hispana. Como hemos discutido en capítulos anteriores, la mejor manera de aprender la cultural de los Estados Unidos es relacionándonos con las personas de este país. Lo padres deben participar en eventos o actividades en donde los estadounidenses sean la mayoría. De la misma manera deben invertir tiempo y energía enseñándoles a los hijos las creencias, valores y tradiciones de la cultura hispana. Los niños necesitan muchas oportunidades para relacionarse con personas hispanas y asistir a eventos y actividades que promuevan la cultura hispana.

Lo tercero que les aconsejo a los padres es que aprendan y hagan buen uso de toda clase de innovación tecnológica. Los padres pueden hacerse expertos registrándose en cursos que les enseñen cómo manejar las computadoras y cualquier otro tipo de instrumento tecnológico. Por ejemplo, todos los padres deben aprender a usar la *Internet*, navegar en *Facebook*, enviar *email*s, enviar textos, tomar fotos y videos con el teléfono celular, y hablar cara a cara con sus seres queridos en cualquier parte del mundo, sin que les cueste un centavo, a través de *Skype, Google* o *Tango.* Los padres que son diestros en la tecnología tienen mayores oportunidades de conseguir mejores trabajos. Pueden además supervisar mejor como sus hijos usan la tecnología y así protegerlos de los peligros que están expuestos a través de la *Internet.* El conocimiento de la tecnología les permite a los padres monitorear la educación de sus hijos de una manera más efectiva. Y sobre todo les dará poder para conservar la unidad familiar.

Lo cuarto que les aconsejo a los padres es que logren niveles de educación más altos. Así como indique en los capítulos anteriores, si nunca terminaron la Secundaria deben de inscribirse en un programa que les ayude a sacar el *GED.* Si no dominan el inglés pueden sacar el *GED* en español. Aquellos padres que ya terminaron la escuela secundaria deben tratar de sacar una carrera, larga o corta, no importa. Lo que importa es que la carrera les abra puertas a mejores oportunidades de trabajo.

En estos momentos quisiera hacer una pausa para pedirle que siempre les enseñemos a nuestros hijos a respetar a todos los seres humanos, especialmente a aquellos hermanos hispanos que no tuvieron la oportunidad que nuestros hijos tienen de estudiar. Yo personalmente admiro a todos aquellos inmigrantes hispanos que a pesar de no tener muchos estudios se esfuerzan y trabajan arduamente para sostener a sus familias. Ellos, con el sudor de sus frentes, se ganan el pan de cada día.

Lo quinto y último que les aconsejo a los padres es que, si son indocumentados, no pierdan la fe. Es muy difícil vencer los retos de la vida si no se tiene esperanza. Pero tampoco pueden perder el tiempo. Estos padres deben aprovechar cada día que están en este país para crecer en todas las áreas de sus vidas. Esto incluye aprender inglés, aprender toda clase de nueva tecnología, y aumentar el nivel de educación. Lo que un hispano indocumentado aprende en este país, nadie, ni las autoridades de inmigración, se lo van a poder quitar. Estos padres también deben estar bien informados acerca de las Leyes de Inmigración de los Estados Unidos para preparar un plan de acción en caso de una deportación repentina. Este plan de acción debe especificar con lujo de detalles que deben hacer los hijos o uno de los padres si la pareja es deportada repentinamente. ¿Se regresa toda la familia al país de origen? ¿Quiénes se quedan en los Estados Unidos? ¿Cómo se sostienen los que se quedan si uno de los padres es deportado? El tener un plan trae paz en medio de la incertidumbre.

¿Qué es lo que podemos concluir?

Ya sabemos que la familia es lo más importante para nosotros los hispanos y por lo tanto debemos de protegerla. Como grietas en el fundamento de una casa, brechas lingüísticas, culturales, tecnológicas, educacionales y de estatus migratorio pueden causar una división familiar.

En este capítulo vimos que estas brechas comienzan a formarse cuando los niños se registran en las escuelas de los Estados Unidos. En unos pocos años se comunican mejor en inglés que en español; asimilan la cultura norteamericana; aprenden a usar toda clase de tecnología; y en ocasiones, alcanzan niveles educacionales más altos que el de los padres. La división familiar puede ser aún mayor cuando los niños son ciudadanos y los padres indocumentados.

Para evitar esta división y proteger la integridad de la familia hispana es importantísimo que los padres hispanos aprendan inglés y se aseguren que sus hijos aprendan español. Los padres deben aprender la cultura norteamericana y asegurarse que los hijos aprendan la cultura hispana. Todos los padres deben aprender y hacer buen uso de toda clase de tecnología nueva. Además de todo lo anterior, los padres deben lograr niveles más altos de educación. Y por último, si los padres son indocumentados, nunca deben de perder la fe. En cambio, deben de crecer en todas las áreas de sus vidas y tener un plan de acción en caso de una deportación inesperada.

No se olvide que nosotros los padres somos los responsables de la educación de nuestros hijos. Y para ello, debemos de sentarnos en la silla del conductor, tomar el control del volante y llevar a nuestros hijos al destino académico que les corresponde. Pero para ello, tenemos que hacer todo lo que esté a nuestro alcance para cerrar o minimizar las brechas que amenazan la unidad familiar – la cuarta de las diez competencias que los padres hispanos debemos alcanzar. Le invito a que juntos protejamos la integridad del núcleo familiar.

Preguntas de Reflexión

1. ¿En su opinión, cuál de las brechas mencionadas en este capítulo tiene más poder de dividir la familia?

2. ¿Cuál de estas brechas se ha manifestado más en su familia?

3. ¿Qué está usted haciendo para minimizarla?

4. ¿Cuál de las ideas presentadas en este capítulo captó más su atención?

CAPÍTULO 5

ACEPTAR EL PAPEL QUE ME TOCA JUGAR

Competencia 5: Los padres aceptan la responsabilidad del papel que les corresponde jugar en la educación de sus hijos.

De la misma manera que cada ser humano tiene un alma, cada país en el mundo tiene una cultura. Como hemos aprendido en capítulos anteriores, la cultura de un pueblo determina lo que la gente cree y aquello que valorizan, o consideran bien importante. Así como nosotros los hispanos valorizamos la familia, los estadounidenses valorizan la educación. La tienen en alta estima porque la consideran la gran ecualizadora de la sociedad norteamericana. En el Capítulo 1 vimos que en este país una educación de calidad abre las puertas a una vida de calidad. No importa el nivel socio-económico a la cual pertenezcamos, si nos educamos podemos lograr el Sueño Americano.

El sistema educativo estadounidense está fundamentado en dos creencias muy significativas. La primera de estas creencias es que todos los niños pueden aprender. Y la segunda es que ningún niño se debe dejar atrás. Es por estas dos creencias que el gobierno Federal ha implementado leyes en donde hace a todas las escuelas públicas del país responsables por el rendimiento académico de todos los estudiantes, no importa el país de origen, la raza o grupo étnico al que pertenezcan, la situación económica que se encuentren, o problema de aprendizaje o conocimiento del idioma inglés que tengan. Creo que usted estará de acuerdo conmigo que las escuelas no pueden lograr que los estudiantes alcancen una educación de calidad sin el apoyo y la colaboración de los padres. Los padres juegan un papel importante en el desarrollo académico de los hijos. *Es por esta razón que considero que el aceptar la responsabilidad del papel que les toca jugar en la educación de los hijos es la quinta de las diez competencias que los padres hispanos debemos demostrar.*

¿Por qué es tan importante mejorar el rendimiento académico de los estudiantes hispanos?

Ya hemos visto que de acuerdo al censo del 2010, hay aproximadamente 50.5 millones de hispanos en los Estados Unidos. Se cree que este número seguirá creciendo. Se calcula que en 40 años habrá más de 100 millones de hispanos viviendo en los Estados Unidos. Ya le compartí que uno de cada 4 niños que nace en los Estados Unidos es hispano. ¡Increíble! Nunca en la historia de este país, un grupo étnico ha constituido un segmento tan grande de la población juvenil. De acuerdo a los expertos, por la fuerza de los números nada más, los logros educacionales que los jóvenes hispanos alcancen determinará en gran medida la sociedad norteamericana del futuro. Ya vimos que lamentablemente la juventud hispana es el segmento poblacional grande de más baja educación en los Estados Unidos.

Los porcentajes nacionales y estatales de jóvenes Hispanos que demuestran competencia en la lectura y en las matemáticas son sumamente bajos. Un número significativo de hispanos no tiene el conocimiento y las destrezas para comprender lo que leen y resolver problemas matemáticos al nivel que les corresponde. Esta falta de rendimiento académico se ve en cada uno de los 50 estados de la nación y en mi tierra Puerto Rico. Por ejemplo, en el 2010, sólo el 40% de los estudiantes puertorriqueños pasaron las pruebas de lectura y matemáticas de las Pruebas Puertorriqueñas de Aprovechamiento Académico. Y esto está ocurriendo a pesar que a los niños en Puerto Rico se les enseña en español y las pruebas son en español.

En los Estados Unidos el 40% de los jóvenes hispanos no terminan la escuela secundaria en el tiempo indicado. Y el 60% de los estudiantes que se quedan en la escuela, por lo general se conforman con sólo pasar las clases y cumplir con los requisitos mínimos de graduación. No toman clases avanzadas de literatura, ciencias y matemáticas, las clases que realmente los preparan para sacar una carrera post-secundaria. ¿Sabía usted que sólo un 10% de los hispanos obtienen un título universitario? Todos estos datos que acabo de compartir con usted entristece a todas aquellas personas que aman al pueblo hispano. Y ahora le pregunto, ¿a qué pudiera deberse esto?

Esto pudiera deberse, pienso yo, a que muchos de nuestros hermanos hispanos no entienden que la calidad de vida que sus hijos tendrán en el futuro depende de la calidad de educación que hoy reciben. Como vimos en el Capítulo 1, muchos padres hispanos inocentemente creen que con enviarlos todos los días a la escuela basta. Con una actitud un poco arrogante una vez un padre hispano me dijo, "Dra. Lourdes, yo suplo para las necesidades básicas de mis hijos y que las escuelas les enseñen lo que ellos tienen que aprender. Yo hago lo mío y que ellos hagan lo de ellos." ¡Ahí es donde se equivocan! El sistema educativo de los Estados Unidos no funciona de esa manera

¿De qué manera es el sistema educativo norteamericano semejante a un triciclo?

El sistema educativo norteamericano es semejante a un triciclo o velocípedo. Yo no sé cuántos de ustedes tenían un triciclo cuando eran niños. El mío era de metal, rojo, y lo corría a toda velocidad por las calles de mi vecindario en Puerto Rico. Como usted sabrá, un triciclo necesita tres ruedas para poder funcionar correctamente. Al igual que un triciclo, las escuelas públicas no pueden funcionar correctamente si no tienen la dedicación y colaboración del estudiante; si no tienen la dedicación y

colaboración del maestro; y sobre todo, si no tienen la dedicación y colaboración de los padres del estudiante.

El estudiante vendría a ser la rueda del frente, la más grande, la más importante, la que provee dirección al triciclo. De la misma manera que la rueda de adelante determina la dirección del triciclo, las necesidades específicas del estudiante determinan el curso que se llevará a cabo para asegurar que el estudiante triunfe académicamente. Las dos ruedas de atrás vendrían a ser el maestro y el padre del estudiante. Las dos ruedas de atrás sostienen al triciclo, le dan balance y lo hacen funcionar correctamente. En la escuela, el maestro crea el ambiente adecuado y dirige todas aquellas actividades que el niño necesita para aprender. El aprendizaje que ocurre en el salón de clases sólo sucede mientras el niño está en la escuela. Si usted lo analiza bien, el tiempo que los niños están en la escuela es sólo una fracción de sus vidas.

Los niños no dejan de aprender cuando termina la escuela o llegan a la casa. El aprendizaje es un proceso continuo que ocurre de día y de noche durante los 365 días del año. Es por lo tanto necesario que los padres jueguen el papel que les corresponde en el desarrollo académico de los hijos. Este papel conlleva que establezcan un ambiente adecuado en el hogar e implementen estrategias que ayuden a que sus hijos continúen aprendiendo antes y después de la escuela. El papel del padre es tan importante como el papel del maestro en la educación de los hijos. Si queremos que nuestros hijos triunfen académicamente no nos queda otra que involucrarnos en la educación de ellos.

¿De qué maneras pueden los padres involucrarse en la educación de los hijos?

Existen muchas maneras de involucrarse en la educación de los hijos. Algunos padres, no muchos, asumen papeles de liderazgo participando en los comités de mejoramiento escolar. Hay otros padres que se ofrecen como voluntarios para asistir a los maestros en las clases o en actividades fuera de la escuela. Otros, organizan o participan en eventos para recaudar fondos para las escuelas de los hijos. Y aquellos que pueden, inician actividades de aprendizaje en el hogar y ayudan a los hijos con las tareas o proyectos de la escuela.

Usted estará de acuerdo conmigo que es muy difícil para un inmigrante hispano involucrarse en la educación de los hijos en cualquiera de las maneras que acabo de mencionar. Pienso que para tener una participación productiva en un comité de mejoramiento escolar hay que dominar el inglés. No muchos inmigrantes tienen el tiempo disponible para trabajar como voluntarios en las escuelas de sus hijos. De igual manera, se le puede hacer muy difícil a un padre hispano dedicarse a recaudar fondos para la escuela de los hijos si apenas le alcanza para suplir las necesidades de la familia. Y es prácticamente imposible para un padre hispano iniciar actividades de aprendizaje en el hogar si no domina el idioma inglés y/o no tiene un nivel de educación adecuado. Si este es el caso, ¿de qué manera pueden todos los padres hispanos involucrarse en la educación de sus hijos?

Primeramente, ellos pueden involucrarse creyendo en la habilidad que los hijos tienen para aprender, teniendo expectativas académicas altas y sobre todo, sabiendo cómo es que los hijos pueden hacerse más inteligentes. Aunque a unos les cuesta más que a otros, todos los niños han nacido con la habilidad de aprender. El tener expectativas académicas altas va mucho más allá de creer en ellos. Significa esperar que hagan lo que tienen que hacer y que lo hagan con excelencia. Es sumamente importante que los padres entiendan que todas las personas, niños y grandes, pueden hacerse más inteligentes si se comprometen, se enfocan, trabajan fuerte, buscan retro-alimentación e implementan estrategias que les ayuden a mejorar. Hablaremos más acerca de todo esto en el Capítulo 6.

Segundo, los padres pueden involucrarse en la educación de los hijos estableciendo conexiones positivas y productivas con los maestros de ellos. De la misma manera que las ruedas de atrás de un triciclo están conectadas, los padres deben de conectarse con los maestros. El triunfo académico de los estudiantes depende de la cooperación que exista entre la escuela y el hogar. En cuanto a la educación de los hijos se trata ya hemos aprendido que los padres están sentados en la silla de conductor. Pero, los maestros son los que saben dónde los estudiantes están académicamente y como llevarlos a donde deben estar. Cuando los padres se conectan con los maestros no se pierden mientras conducen a sus hijos al triunfo académico. Hablaremos más acerca de cómo establecer conexiones positivas y productivas con los maestros de los hijos en el Capítulo 7.

Tercero, todos los padres hispanos pueden involucrarse en la educación de los hijos haciendo de la lectura un estilo de vida. El leer tiene que convertirse en un hábito, esto es, en una actividad que los hijos hacen todos los días. Es prácticamente imposible que los niños aprendan y adquieran las destrezas que necesitan para triunfar académicamente si no leen al nivel que les corresponde o más alto. De acuerdo a los expertos en educación, una de las razones primordiales por la cual los estudiantes se desaniman y terminan dejando la escuela es porque fracasan en las clases. Les cuesta demasiado de trabajo pasar los cursos académicos porque no pueden leer al nivel que les corresponde. Hablaremos más acerca del poder de la lectura en el Capítulo 8.

Cuarto, los padres pueden involucrarse en la educación de los hijos logrando que el hacer las tareas de la escuela sea parte de la rutina del día. El supervisar las tareas de los estudiantes, en mi opinión, es una de las responsabilidades más grandes y difíciles de los padres. Los niños resisten hacer las tareas de la escuela por muchas razones. Algunos estudiantes no tienen la motivación o interés que se necesita. Hay otros que les falta el conocimiento o las destrezas para hacerlas. Y también hay muchos que les cuesta hacerlas porque están demasiado de rodeados de distracciones. Pero definitivamente, el hacer las tareas no sólo les ayuda a que dominen el material que aprendieron en clase sino que además demuestren el comportamiento académico que se necesita para salir bien en los estudios. Hablaremos más acerca de cómo hacer que las tareas sean para de la rutina del día en el Capítulo 9.

Finalmente, los padres pueden involucrarse en la educación de los hijos desarrollando en ellos el carácter que se necesita para triunfar académicamente. Las características que se requieren para triunfar académicamente son la responsabilidad, la persistencia, una ética de trabajo fuerte, y la habilidad de no necesitar gratificación inmediata. Los estudiantes que demuestran estos 4 rasgos característicos tienen mayores probabilidades de salir bien en sus estudios, obtener buenas carreras y alcanzar una vida de calidad. Hablaremos más acerca de como desarrollar estos 4 rasgos característicos en los hijos en el Capítulo 10.

¿Qué es lo que podemos concluir?

Ya hemos aprendido que los padres deben hacerse responsables del papel que les corresponde jugar en la educación de los hijos - la quinta de las diez competencias que los padres debemos demostrar. De la misma manera que el triciclo no puede funcionar correctamente si le falta una de las ruedas de atrás, las escuelas no pueden darles a nuestros hijos la educación que tanto necesitan si nosotros no nos involucramos en la educación de ellos.

El aprendizaje es un proceso que ocurre de día y de noche, los 365 días del año. Así como los maestros, nosotros tenemos que crear en nuestros hogares el ambiente e implementar las estrategias que se necesitan para que nuestros hijos sigan aprendiendo más allá del aula escolar.

Ya vimos que por razones obvias, a los padres inmigrantes se les puede hacer muy difícil asumir puestos de liderazgo en la escuela de los hijos, trabajar como voluntarios, participar en actividades de recaudación de fondos o hacer actividades de aprendizaje en el hogar.

Pero, a la misma vez, hay ciertas cosas que todos los padres podemos hacer para involucrarnos en la educación de nuestros hijos. ¿Cómo?

Primeramente, podemos creer en la habilidad que ellos tienen para aprender, tener expectativas académicas altas y saber cómo ellos pueden hacerse más inteligentes. Podemos hacer de la lectura un estilo de vida familiar. Podemos hacer que el hacer las tareas de la escuela sea parte de la rutina del día. Podemos conectarnos con los maestros de una manera positiva y productiva. Y por último, podemos desarrollar en nuestros hijos los rasgos característicos que se necesitan para triunfar en los estudios.

Ya hemos aprendido que nosotros los padres somos los responsables de la educación de nuestros hijos. Y para esto ser una realidad tenemos que sentarnos en la silla del conductor. Sálgase de la silla del pasajero, tome el control del volante y conduzca a sus hijos al triunfo académico.

PREGUNTAS DE REFLEXIÓN

1. ¿Qué papel juega usted actualmente en la educación de sus hijos?

2. ¿Qué debe usted hacer o dejar de hacer para involucrarse más en la educación de sus hijos?

3. ¿De los puntos discutidos en este capítulo, cuál de ellos llamó más su atención?

Dra. María de Lourdes

CAPÍTULO 6

CREER EN MIS HIJOS

Competencia 6: Los padres creen en sus hijos, tienen expectativas académicas altas y saben cómo sus hijos pueden hacerse más inteligentes.

Una de las razones principales por la cual tantas personas emigran a los Estados Unidos es poder darles a los hijos la oportunidad de recibir una educación de calidad. La economía de hoy día se caracteriza por ser global, altamente tecnológica y de continuos cambios. Para poder conseguir un buen trabajo en una economía como esta, los estudiantes tienen que dominar el idioma inglés, graduarse de la escuela secundaria con una base académica sólida, y sacar una carrera vocacional, técnica o universitaria de mucha demanda. No hay país mejor que los Estados Unidos para lograr esto. ¿Y por qué es tan importante aprender inglés? Porque el inglés no sólo es el idioma de los Estados Unidos, pero es además la primera y más importante lengua mundial. ¿Y por qué es tan importante graduarse de la Secundaria? Porque sin un diploma de la escuela secundaria los jóvenes tienen las puertas cerradas. Se les hace difícil conseguir un buen trabajo; no pueden sacar una carrera post-secundaria; y ni siquiera pueden unirse a las fuerzas armadas. ¿Y por qué es tan importante que obtengan una carrera post-secundaria? Porque el 80% de los trabajos de mayor crecimiento en los Estados Unidos requieren educación más allá de la escuela secundaria. Como padres de familia tenemos que suplir las necesidades físicas, emocionales y sociales de nuestros hijos y enviarlos a la escuela todos los días. Pero como hemos visto en los capítulos anteriores, el proveer para las necesidades y enviarlos a la escuela ayuda pero no garantiza que reciban una educación de calidad. Tampoco garantiza que se gradúen de la escuela secundaria o que obtengan una carrera post-secundaria. Entonces, ¿qué es lo que nuestros hijos necesitan para triunfar académicamente?

De la misma manera que las plantas necesitan tierra, agua y luz para crecer, nuestros hijos necesitan que creamos en ellos, esperemos que triunfen en la escuela y sepamos cómo pueden salir bien en sus estudios. *Es por esa razón que considero que el creer en la habilidad que los hijos tienen para aprender, el tener expectativas académicas altas, y saber cómo ellos pueden hacerse más inteligentes debe de ser la sexta de las diez competencias que los padres hispanos debemos demostrar.*

¿Qué significa creer en la habilidad que los hijos tienen para aprender?

Para conducir a nuestros hijos hacia al triunfo académico, debemos primero creer, de todo corazón, en la capacidad que Dios les ha dado de aprender. ¿Y qué significa creer? Creer en los hijos significa tener la convicción que ellos han nacido con la habilidad de asimilar cualquier contenido que se propongan aprender. Cada niño es único y diferente a los demás. A unos estudiantes les cuesta aprender más que a otros. Y cada estudiante aprende de manera diferente. Pero, sí estoy convencida que todos los niños son capaces de aprender, no importa la raza, grupo étnico o nivel socio-económico al que pertenezcan.

No creo mucho en el dicho que dice, "de tal palo tal astilla." Si los padres durante su niñez tuvieron problemas en la escuela, o por alguna razón no terminaron la Secundaria, no significa que lo mismo les ocurrirá a los hijos. El no creer en la habilidad de los hijos es un problema grande y bien común en la comunidad hispana. Durante mi larga carrera como profesora de matemáticas siempre me encontraba con padres hispanos que no creían ni esperaban que sus hijos pasaran mis clases. Según estos padres, sus hijos, al igual que ellos, no nacieron con la habilidad de triunfar en los estudios.

Algunos padres hispanos tienen la fea costumbre de hacer comentarios negativos acerca de sus hijos. Estos comentarios dañan la autoestima y autoconfianza de los niños y jóvenes. Muchos estudiantes hispanos me han comentado que los padres, por cualquier cosa que ellos dicen o hacen, les llaman burros. Comentarios tales como, "Ay mi hijo, no seas tan burro" son "el pan de cada día" en muchos hogares hispanos. Siempre les digo a los padres que de la misma manera que los gatos tienen gatitos y los perros tienen perritos, los burros son los únicos que pueden tener burritos. ¿No creen ustedes que los padres que llaman burros a sus hijos a sí mismos se llaman burros? ¡Claro que sí!

Rebecca, la mayor de mis tres hijos, nació con problemas de aprendizaje. Ella le costaba mucho leer y era bien intranquila en clase. Mi hija era tal vez la única en su clase que no podía leer y le costaba enfocarse en clase. Las calificaciones no eran buenas y los maestros se quejaban de su poco rendimiento académico. Pero yo tengo fe en Dios y también creo en consultar con los expertos. La llevé con el psicólogo y, después de muchos exámenes, la diagnosticaron con dos problemas de aprendizaje, Dislexia y Déficit de Atención con Hiperactividad. ¡Me puse bien triste! Pero me dije a mi misma, "Con dislexia o sin dislexia, con hiperactividad o sin hiperactividad, mi hija va a aprender." Para ayudarla con sus problemitas de aprendizaje, la llevaba a terapia. Para ayudarle a mejorar en la lectura, le leía la Biblia todos los días y le pedía a ella que me leyera. Con dificultad leía pero me obedecía. Me sentaba con ella todos los días y le ayudaba con las tareas de la escuela. Y nunca dudé que ella tenía la habilidad de aprender. Siempre creí en ella hasta que ella aprendió a creer en ella misma. La lucha fue larga y difícil pero valió la pena. Después de algunos años, se graduó de la Secundaria y sacó varias carreras universitarias. Hoy día ella ofrece terapia a niños que tienen serios problemas de aprendizaje. ¿Quién se lo iba a imaginar? ¡Casi se me olvida! Ella es una de las editoras de este libro.

¿Qué significa tener expectativas académicas altas?

Tener expectativas académicas altas significa esperar que los hijos triunfen en la escuela. El tener expectativas académicas altas va mucho más allá de creer en la habilidad que ellos tienen. Permítame ponerme por ejemplo. Yo creía, estaba convencida que mi hijo Jonathan tenía la habilidad de mantener su cuarto limpio; pero en realidad, nunca esperaba que él lo hiciera. Todos los días le arreglaba la cama, le recogía la ropa que dejaba en el suelo y le llevaba los trastos al lavadero. Yo sabía que Jonathan tenía la habilidad de limpiar su cuarto por sí solo pero no tenía la más mínima esperanza de que lo hiciera. Me da pena decirlo, pero es la verdad.

Tener expectativas académicas altas también va más allá de desear que triunfen en la escuela. Según los expertos en Investigación Educativa, de cada 100 padres hispanos, 80 desean que sus hijos triunfen en la escuela; pero sólo 40 de esos 100 realmente esperan que salgan bien en los estudios. Hay una gran diferencia entre desear y esperar. Volviendo al ejemplo anterior, el desear que Jonathan limpiara su cuarto no significa que esperara que él lo hiciera.

Los padres que tienen expectativas académicas altas para con los hijos no se conforman con que sólo pasen las clases. Las clases se pueden pasar con una calificación de "C" o con una calificación de "D". Una calificación de "C" significa corriente. Y una calificación de

"D" significa deficiente. El ser corriente o deficiente no conduce al éxito académico. Una estudiante hispana de la Secundaria una vez me dijo, "A mi mamá no le importa la calificación que saque en mis clases, siempre y cuando las pase. Mi mamá no espera que yo saque una carrera. Ella lo que espera es que simplemente me gradúe de la escuela secundaria y me vaya a trabajar." Si eso es todo lo que ésta mamá espera de su hija, probablemente es todo lo que recibirá. ¿No cree?

¿Qué pueden hacer los estudiantes para hacerse más inteligentes?

Los padres hispanos deben saber cómo es que los estudiantes aprenden y cómo pueden hacerse más inteligentes. Yo entiendo que la inteligencia es algo con la cual se nace. Pero también creo que la inteligencia es algo que se hace. A mí me entristece mucho cuando escucho a mi gente Hispana decir el dicho popular, "el que nace burro, burro se queda." Primeramente, no creo que los niños hispanos nacen burros y mucho menos que se queden burros. Si la inteligencia es algo que se hace o se desarrolla, ¿cómo pueden entonces nuestros hijos hacerse más inteligentes? ¿Cuál es el proceso o cuáles son los pasos para que los estudiantes alcancen competencia en cualquier materia escolar?

El hacerse más inteligentes o alcanzar competencia académica es un proceso que toma tiempo y conlleva 5 pasos. El primero de estos pasos es comprometerse. Los estudiantes que se comprometen, antes que nada, tienen una idea bien clara de las metas académicas que quieren alcanzar. Ellos, no corren a la ventura, sino que saben lo que quieren y para donde van. Los estudiantes que se comprometen están determinados a que pase lo que pase, llueve, truene o relampaguee, van a hacer lo que tienen que hacer para lograr las metas que ya se han fijado. Por ejemplo, veamos el caso de José, un estudiante hispano que cursa su último año de la Secundaria. Si él se compromete a sacar una calificación de "A" en su clase de Química, removerá todos los obstáculos y hará lo que sea necesario para lograr esa meta. ¡José está determinado a lograrlo!

El segundo de los pasos es enfocarse. Los estudiantes que se enfocan son aquellos que ya se han comprometido a triunfar en los estudios. Ellos, no andan a la deriva, sino que fijan sus ojos en el blanco de las metas académicas que se han propuesto alcanzar. Los estudiantes que se enfocan, a toda costa, evitan el entretenerse con gente o cosas, o en asuntos que les distraigan y no les permitan alcanzar sus metas. Si José está asistiendo a clase, haciendo las tareas, o estudiando para algún examen, el resistirá todas aquellas tentaciones que le impidan hacer su trabajo tales como, hablar por teléfono, enviar textos, ver televisión o estar en *Facebook*.

El tercero de los pasos es trabajar fuertemente. Usted estará de acuerdo conmigo que las cosas buenas en la vida por lo general cuestan mucho trabajo. Como dicen los mexicanos, "Para salir bien en la escuela hay que de veras echarle ganas a los estudios." En otras palabras, el trabajar fuerte conlleva esforzarse para hacer las cosas como tienen que ser hechas. Los estudiantes que trabajan fuerte no permiten que la pereza o las diversiones les hagan hacer un trabajo de escuela mediocre o pobre. Volviendo al caso de José, él sabe que sacar una calificación de "A" en la clase de Química no es nada fácil. Él pone todo el esfuerzo necesario para tener una buena participación en clase, cumplir con las tareas de la escuela y sacar calificaciones altas en los exámenes.

El cuarto de los pasos es buscar retro-alimentación; esto es, información acerca de la calidad del trabajo académico que ya hayan hecho. Los estudiantes deben preguntarles a sus maestros cómo es que salieron en cada tarea que entregaron y cada examen que hicieron. La idea es que los estudiantes determinen las áreas de conocimiento que dominan y aquellas que tienen que mejorar. Los estudiantes que buscan retro-alimentación académica saben que para mejorar hay que primero saber en qué mejorar. En este caso, José continuamente le presta atención a las puntuaciones que saca en las tareas y exámenes y siempre busca información de parte del maestro de Química acerca de cómo mejorar.

Y el quinto y último de los pasos es implementar estrategias que les ayuden a mejorar de acuerdo a la retro-alimentación que hayan recibido de parte de los maestros. Los estudiantes deben de evaluar si lo que están haciendo les está ayudando a mejorar o no. Y si no, deben entonces de cambiar de estrategia. Hay un dicho que dice, "Si queremos cambiar los resultados de algo, debemos cambiar la manera en que lo hacemos." En el caso de José, él toma en cuenta la información que recibe del maestro de Química, evalúa lo que lleva haciendo y pone en práctica estrategias que le puedan ayudar a mejorar.

¿Qué es lo que podemos concluir?

En conclusión, de la misma manera que una planta necesita tierra, agua y luz para crecer, sus hijos necesitan que usted haga las siguientes tres cosas para que ellos puedan triunfar en la escuela. Primero, crea en el potencial que ellos tienen para aprender. ¡Todo es posible para el que cree! Crea en sus hijos hasta que ellos aprendan a creer en ellos mismos.

Segundo, espere que ellos triunfen en los estudios. Jamás se conforme con que sólo asistan a la escuela y pasen las clases. Por sí sólo, esto no garantiza que estén recibiendo una educación de calidad.

Y tercero, entienda el proceso por el cual los estudiantes pueden alcanzar competencia académica. La inteligencia es algo con la cual se nace; pero también es algo que se hace. Los estudiantes pueden hacerse más inteligentes cuando se comprometen, se enfocan, trabajan fuerte, buscan retro-alimentación, e implementan estrategias que les pueden ayudar a mejorar.

El hacer estas tres cosas que acabo de señalar le ayudará a alcanzar la sexta de las diez competencias que los padres hispanos debemos demostrar. Y como siempre digo, nosotros los padres somos los responsables de la educación de nuestros hijos. Esta responsabilidad conlleva que nos sentemos en la silla del conductor. No se siente atrás y tampoco se siente en la silla del pasajero. Tome el control del vehículo y conduzca a sus hijos al triunfo académico.

Preguntas de Reflexión

1. ¿De qué manera les demuestra usted a sus hijos que cree en la habilidad que ellos tienen de aprender?

2. ¿Cómo les demuestra usted a sus hijos que tiene expectativas académicas altas?

3. ¿Cómo les ayuda usted a sus hijos a hacerse más inteligentes?

4. ¿Cuál concepto o idea presentada en este capítulo a usted le llamó más la atención?

Capítulo 7

Conectarme con los Maestros

Competencia 7: Los padres tienen la habilidad de establecer conexiones positivas y productivas con los maestros de sus hijos.

El sistema educativo de los Estados Unidos es muy diferente al de otros países en la América Latina. Cada país en el mundo es único y diferente a los demás y por consecuente tiene su propia manera de educar a los niños. En el Capítulo 5 ya vimos que el sistema educativo estadounidense es semejante a un triciclo o velocípedo. Un triciclo necesita tres ruedas para funcionar correctamente. Y las escuelas necesitan la colaboración del estudiante, la colaboración del maestro y sobre todo, la colaboración de los padres para hacer un buen trabajo educando a los niños.

Ya vimos que la rueda del frente, la más grande, representa al estudiante. Es la rueda más importante porque le da dirección al triciclo. Las dos ruedas de atrás son el maestro y el padre del estudiante. Estas dos ruedas, que se conectan entre sí, también son muy importantes porque sostienen y le dan balance al triciclo. Si la conexión es buena, cuando una rueda se mueve se mueve también la otra. Pero si una de ellas se atora, o se sale de lugar, impide que la otra se mueva o funcione cabalmente. El que el triciclo funcione correctamente depende de cuán bien conectadas estén las dos ruedas de atrás, el maestro y el padre del estudiante. *Esta es la razón por la cual considero que la habilidad de establecer una conexión positiva y productiva con los maestros de los hijos debe ser la séptima de las diez competencias que los padres hispanos debemos demostrar.*

¿Por qué pudiera hacerse difícil conectarse con los maestros?

El papel que los maestros juegan en la educación de los hijos es tan importante como el papel que a los padres les toca jugar. Es por esta razón que los padres hispanos deben de conectarse y trabajar en armonía con los maestros de los hijos. ¡Por experiencia propia sé que esto no es fácil! Es especialmente difícil para aquellos padres hispanos que recién emigraron o llevan pocos años en los Estados Unidos.

Me acuerdo como si fuera hoy mismo cuando inscribí en la escuela a mis dos hijos mayores, Rebecca y Jonathan. A Rebecca le tocaba el séptimo grado de la escuela intermedia y a Jonathan el quinto grado de la escuela elemental. Me sentí tan incómoda y casi avergonzada cuando las personas a cargo del proceso de inscripción no me entendían; y yo tampoco los entendía a ellos. Mi inglés, para aquel entonces, era muy limitado. Los sistemas educativos de Puerto Rico (donde me eduqué) y de Guatemala (donde se educaron Rebecca y Jonathan) eran muy diferentes al de este país. Me di cuenta que mi manera de pensar respecto a la educación de los niños era muy diferente a la de la gente de este país. A todo esto se le sumaban los problemas personales, familiares y económicos con las cuales tenía que lidiar todos los días. Pero sabía que no podía dejar a mis dos hijos a la merced de las escuelas. Como ellos eran mis hijos, y no los hijos de la escuela, me propuse buscar la manera de mantener una comunicación abierta y continua con la escuela y los maestros de mis hijos.

¿Por qué conviene conectarse con los maestros de los hijos?

A todos los padres les conviene conectarse de una manera positiva y productiva con los maestros de los hijos. ¿Y por qué les conviene? Porque el maestro, en cierta manera, es como un Sistema Global de Posiciones, lo que en inglés se conoce como el *Global Positioning System o GPS*. Los maestros son los que saben dónde nuestros hijos están académicamente y cómo llevarlos al lugar o nivel donde deben estar. Por ejemplo, el maestro es el que sabe si su hijo está leyendo por debajo del nivel que le corresponde y además sabe qué estrategias usted puede implementar en el hogar para ayudarlo a mejorar.
El maestro se da cuenta si su hijo tiene algún problema de aprendizaje y también sabe qué pasos tomar para diagnosticar y tratar el problema. Lo que usted y yo debemos siempre recordar es que el hijo suyo es

también el estudiante del maestro. Usted lo conoce como hijo y el maestro lo conoce como estudiante. Los padres que se conectan con los maestros no se pierden mientras manejan las carreras académicas de sus hijos.

Hablando de perdidas, ¿Se ha perdido usted alguna vez en la carretera? Mis perdidas más grandes las tuve manejando en la ciudad capital de México. Es una ciudad bellísima pero demasiado grande y congestionada. Y para aquel entonces yo no tenía un *GPS*. Este tipo de tecnología aún no existía. De la misma manera, el manejar el proceso educativo de los hijos no es cosa fácil. Los padres pueden fácilmente perderse en el proceso si no tienen la información que necesitan para apoyar la educación de los hijos.

Los estudiantes en ocasiones enfrentan problemas en la escuela que hay que resolver de inmediato. Por ejemplo, el estudiante no quiere participar en clase, se duerme en el asiento o se pelea con los compañeros de la escuela. Una comunicación abierta con los maestros les ayuda a los padres a resolver cualquier problema que se presente, cualquiera que sea. Es muy difícil que los padres se pierdan si tienen un *GPS*; esto es, si están conectados con los maestros de los hijos.

Cuando los padres se conectan con los maestros, el padre del estudiante gana, el estudiante gana, y el maestro gana. Los padres ganan porque adquieren la confianza e información que necesitan para monitorear la educación de los hijos. Los niños ganan porque se encarrilan en el camino que les conduce al triunfo académico. Los maestros ganan por el apoyo que reciben de parte de los padres. ¿Y saben ustedes quienes pierden? Pierden los problemas y pierden de tal manera que dejan de ser problemas.

Debo aclarar que una conexión positiva y productiva con los maestros no significa que se lleve bien con ellos o que "le caigan muy bien." Tampoco significa que los maestros se lleven bien con sus hijos o que "les caigan muy bien." Una mamá hispana bien amigable, que trabajaba como voluntaria en la escuela del hijo, una vez me dijo, "Ay Dra. Lourdes, yo me llevo muy bien con toditos los maestros de mi hijo. Por las mañanitas, cuando llevo a mi niño a la escuela, yo los saludo y ellos siempre me responden con una gran sonrisa." Otra mamá que también trabajaba como voluntaria en la escuela de su hija me dijo, "Los maestros siempre me dicen lo mucho que quieren a mi niña y lo bien que ella se porta en la escuela." Yo entiendo que el saludar, sonreír y escuchar lo maravilloso que nuestros hijos son ayuda a que nos sintamos bien. Pero por otro lado, nada de esto nos informa acerca del rendimiento académico de nuestros hijos. Tampoco nos dice que podemos hacer en el hogar para ayudar que nuestros hijos mejoren en la escuela. Una mamá, que siempre se llevaba muy bien con los maestros una vez me dijo, "Dra. Lourdes, yo siempre me he llevado bien con todos los maestros. Y pensaba que mi hijo Carlos le iba bien en los estudios. Ahora que pasó a la Intermedia, me he enterado que lee bien por debajo del grado escolar que le toca. Está en séptimo grado y lee como un niño de quinto grado. En las matemáticas también le va bien mal." La relación que esta mamá tenía con los maestros de la escuela elemental pudiera haber sido positiva pero jamás productiva. El único propósito de una relación positiva y productiva es que sus hijos reciban una educación de calidad y triunfen académicamente.

¿Qué estrategias nos pueden ayudar a conectarnos con los maestros de una manera positiva y productiva?

Ahora, quisiera compartir con usted una serie de estrategias que yo estoy segura le ayudará a conectarse con los maestros de sus hijos de una manera que produzca resultados positivos. Lo primero que debe hacer es contactar, ya sea por teléfono, a través de un *email* o por medio de una carta, a cada uno de los maestros de sus hijos. Pero si es posible, trate de hacerlo en persona. Lo importante es presentarse. Esto, lo debe hacer lo antes posible, preferiblemente al principio del año escolar. Dele a los maestros su nombre, su número celular (y el de la casa), y su dirección residencial. Si trabaja fuera de la casa, infórmeles en qué y dónde trabaja. Y sobre todo, hágales saber que usted está a las órdenes de ellos, cien por ciento dispuesto a hacer todo lo que sea necesario para que sus hijos salgan bien en los estudios.

Lo segundo que puede hacer es informarles a los maestros acerca de cualquier situación en el hogar que pudiera afectar el rendimiento académico de los estudiantes, como una enfermedad, una muerte, o una separación o divorcio en la familia. Los maestros que están informados de situaciones como éstas usan estrategias que proveen el apoyo emocional, social y académico que los estudiantes necesitan. Sería maravilloso si usted también les hiciera saber a los maestros acerca de cualquier evento positivo en la vida sus hijos, como el nacimiento de un hermanito, la llegada de la abuelita, o un viaje que toda la familia hará a su país de origen. ¡Créame! Por experiencia propia sé que los maestros tienen la habilidad de celebrar estos eventos haciendo que los estudiantes se sientan más a gusto en clase y por consecuente aprendan más.

Lo tercero que usted puede hacer es consistentemente demostrar una actitud positiva hacia la escuela, la administración y los maestros de los hijos. ¿Sabía usted que los niños tienden a copiar la actitud de los padres? Soy testigo de cómo algunos niños terminan detestando la escuela o rebelándose en contra de los maestros por causa de las continuas críticas y comentarios negativos que escuchan en el hogar. Cuando los padres aprecian el trabajo que los maestros hacen, los niños se sienten más felices en la escuela y esto, definitivamente, les ayuda a que tengan un mayor rendimiento académico. El apreciar la escuela y respetar a los maestros son cosas que se aprenden en el hogar.

La cuarta estrategia que los padres pueden implementar es tomar bien en serio cuando son citados para una conferencia de padre y maestro. Antes de la conferencia, los padres deben de prepararse pidiendo información acerca del asunto o tema que se va a discutir en la reunión. Reuniones tan importantes como éstas nunca se dejan para última hora. Hay un dicho que dice, "En guerra avisada no muere gente." Los padres deben de antemano saber cómo sus hijos han salido en todas las clases y cualquier problema de disciplina que hayan tenido. Lo importante es que nada le tome de sorpresa.

Cuando llegue a la conferencia, usted debe de mantener una actitud positiva. Usted debe entender que los maestros, al igual que los padres, quieren que todos los estudiantes triunfen en la escuela. Durante la conferencia haga preguntas tales como:

1. ¿Cuál es la materia favorita de mi hijo?

2. ¿Cuál materia escolar le cuesta más trabajo a mi hijo?

3. ¿Cuál es el nivel de lectura de mi hijo?

4. ¿Qué puedo hacer en el hogar para que mi hijo mejore académicamente o se porte mejor en la escuela?

Haga preguntas cada vez que no entienda algo. Los maestros son bien expertos explicando las cosas. Es por eso que son maestros. ¿No cree usted? Y nunca se vaya de la reunión sin saber exactamente qué es lo que debe hacer en el hogar para resolver el problema o ayudar que sus hijos mejoren en la escuela.

Los padres que no dominan el idioma inglés deben de antemano pedir que se les provea un intérprete. Y cuando se comunican a través del intérprete, deben enfocarse en el maestro, no en el intérprete. El intérprete participa para facilitar la comunicación entre el padre y el maestro, nada más.

¿Qué es lo que podemos concluir?

Usted es la persona responsable de manejar el proceso educativo de sus hijos. Y para evitar perderse en el proceso debe usted establecer una conexión positiva y productiva con los maestros de sus hijos - la séptima de las diez competencias que los padres hispanos debemos demostrar.

Ya hemos visto que el maestro de sus hijos es como un *GPS*. El maestro sabe dónde sus hijos están académicamente y qué camino tomar para llevarlos donde deben estar. Cuando los padres se conectan con el maestro, el estudiante gana, el maestro gana y los padres ganan. Los únicos que pierden son los problemas.

Hay cuatro estrategias que le pueden ayudar a conectarse con los maestros. Primeramente, preséntese con cada uno de los maestros, ya sea por teléfono, vía *email*, a través de una carta, o en persona. Lo ideal sería que lo hiciera al principio del año escolar. Segundo, mantenga siempre a los maestros informados acerca de cualquier situación que pudiera estar afectando el rendimiento académico de sus hijos. Los maestros tienen la habilidad de aliviar cualquier sentimiento negativo que sus hijos pudieran estar experimentando. Tercero, demuestre siempre una actitud positiva hacia los maestros y la escuela de sus hijos. Los estudiantes aprenden y se comportan mejor cuando los padres respaldan a los maestros. Y por último, si lo citan para una conferencia de padre y maestro, vaya siempre bien preparado. Entérese bien de que se trata la reunión y tenga por escrito las preguntas que va a hacer. No se olvide que los maestros y los padres tienen la misma meta – el triunfo académico de los estudiantes.

Lo importante es que se siente en la silla del conductor. No hay nadie mejor que un maestro para guiarnos cuando manejamos el proceso educativo de nuestros hijos. No se pierda en el camino. Hoy mismo conéctese con los maestros de sus hijos.

PREGUNTAS DE REFLEXIÓN

Preguntas de Reflexión

1. ¿Qué barreras le impiden a que usted colabore más de cerca con los maestros de sus hijos?

2. ¿Qué puede hacer usted para vencer esas barreras?

3. ¿De todas las ideas presentadas en este capítulo, cuál de ellas captó más su atención?

CAPÍTULO 8

HACER DE LA LECTURA UN ESTILO DE VIDA

Competencia 8: Los padres hacen de la lectura un estilo de vida.

¿Alguna vez le ha pasado que mientras maneja su automóvil de repente escucha un ruido de galopado y siente fuertes vibraciones en el

carro? Esto sólo indica una cosa. Tiene una llanta dañada o vacía. Usted podrá estar sentado en la silla del conductor, pero si tiene una llanta dañada o vacía, por más que quiera, no va a poder llegar a ningún sitio. Afortunadamente, en la cajuela de su carro usted tendrá lo que necesita para cambiar la llanta. En Puerto Rico, le llamamos el gato, una herramienta relativamente pequeña, pero lo

suficientemente poderosa para levantar el peso de su carro. La lectura, mi querido padre, es como el gato porque cuando la lectura se convierte en un estilo de vida, ella tiene el poder para levantar mucho, pero mucho peso académico. *Es por esta razón que considero que el hacer de la lectura un estilo de vida debe de ser la octava de las diez competencias que los padres hispanos debemos demostrar.*

¿Qué significa hacer de la lectura un estilo de vida?

El hacer de la lectura un estilo de vida no significa tomar un curso de lectura; no significa leer para hacer las tareas de la escuela; y no significa estudiar para un examen. La lectura como un estilo de vida, o el hábito de leer todos los días, es una práctica que trae tremendos beneficios a la vida del lector. La lectura abre las puertas al conocimiento que los estudiantes necesitan para llegar al nivel académico que necesitan estar. ¡El conocimiento es poder! Lo que pudiera impedir que nuestros hijos alcancen una educación de calidad y por consecuente una vida de calidad no es la raza, grupo étnico o nivel socio-económico al que pertenezca. Los estudiantes que han hecho de la lectura un estilo de vida podrán ir por encima de cualquier obstáculo que la vida les presente. Los beneficios que trae el poder leer bien son inmensurables.

¿Cuáles son los beneficios de hacer de la lectura un estilo de vida?

Los lectores hábiles tienen mayores probabilidades de salir bien en la escuela porque aprenden conceptos e ideas que nunca les enseñaron en la escuela. La lectura expone a los niños a palabras o vocabulario que nunca han visto antes. La lectura les enseña a deletrear mejor porque ven cómo se escriben las palabras. La lectura les enseña a cómo escribir mejor porque aprenden como usar las palabras para hacer oraciones y párrafos. Los estudiantes que leen bien aprenden a ser mejores investigadores porque saben buscar información que se encuentra en la *Internet*. Y como si esto fuera poco, el leer los enseña a pensar de una manera independiente; los convierte en conversadores buenos e interesantes; y los instruye a cómo comunicarse efectivamente con personas de culturas diferentes.

Una vez me encontré con un estudiante de la Secundaria que me dijo, "Dra. Lourdes, yo me siento perdido en casi todas mis clases, con excepción de la clase de Arte y la de Educación Física. En la mayoría de mis clases los maestros me exigen que lea mucho. Yo leo muy lento y me cuesta entender lo que leo. Me cuesta mucho hacer las tareas de la escuela y prepararme para los exámenes. Lo que pasa es que casi no leía cuando era chiquito. El no poder leer bien me está perjudicando mucho. Mi promedio escolar es muy bajito y a veces pienso que no me voy a poder graduar." De acuerdo a los Investigadores Educativos, una de las razones más grandes por la cual los estudiantes dejan la escuela, y nunca se gradúan de la Secundaria, es porque leen a un nivel mucho más bajo que el que les corresponde.

¿Qué estrategias pueden ayudar a que nuestros hijos hagan de la lectura un estilo de vida?

Permítame darle algunas sugerencias de cómo ayudar a que sus hijos hagan de la lectura un estilo de vida. Primeramente, deje que ellos lo vean leer, no sólo el periódico o revistas, pero también libros. Es mucho más fácil que los niños desarrollen el hábito de leer todos los días cuando ven que los padres disfrutan y practican la lectura todos los días. Usted estará de acuerdo conmigo que las acciones hablan más fuerte que las palabras.

Una buena idea es tener muchísimos libros en la casa. Usted no tiene que gastar mucho dinero. Los libros de la biblioteca son gratis siempre y cuando los regrese a tiempo. Por unos pocos centavos puede usted conseguir libros para niños en tiendas de segundas manos o en ventas de garaje. Una de las cosas que yo más admiro de mi hija Rebecca, la mamá de mis tres nietos, es que tiene libros en la casa por donde quiera. ¡Ella pone libros hasta en la cuna! Por supuesto, no son libros de papel, sino aquellos bien bonitos que están hechos de tela.

Para que los hijos puedan enfocarse en la lectura es importante que usted elimine todo tipo de distracción. Apague el televisor. Apague el radio y el sistema de sonido. Ponga los teléfonos en silencio. Además, no permita que los amigos o vecinos vengan a visitar cuando sea el tiempo de leer o de hacer las tareas. He estado en hogares donde el alboroto es tan grande que uno no puede ni tener una conversación. No se puede leer bien en medio del bullicio.

Sería bueno que les consiguiera libros de los cuales se hayan hecho películas tales como, Crónicas de Narnia, El Señor de los Anillos o los libros de la serie de Harry Potter. De esa manera podrá recompensarlos por haber leído los libros llevándolos al cine o alquilándoles el video.

También es una buena idea que les consiga libros acerca de temas que les interese a sus hijos. Por ejemplo, a mi hijo Jonathan, cuando era bien niño, le encantaba leer libros de ciencia ficción, especialmente aquellos relacionados al espacio.

Es bien importante que empiece a desarrollar en sus hijos el hábito de la lectura desde que son bien niños. Yo personalmente comencé a leerles a mis hijos desde que estaban en mi vientre. Léales a sus hijos antes de que ellos puedan leer por sí mismos. Si ya pueden leer un poco, pídales que le lean a usted. Y después de cada párrafo o página, pregúnteles acerca de lo que leyeron. Hágales preguntas que les hagan pensar. Por ejemplo, cuando yo les leía a mis hijos las historias de la Biblia, como la del profeta Daniel en la cueva de leones, yo les preguntaba, ¿Qué provocó que Daniel cayera en esa situación? ¿Qué hubieras hecho si tú fueras Daniel? ¿Qué evitó que los leones se comieran a Daniel? Al hacer esto, no sólo aprendían más acerca de la Biblia, algo muy importante para mí, sino que además desarrollaban el hábito de leer y mejoraban sus destrezas de comprensión de lectura.

Yo también le aconsejo que les pregunte a los maestros a qué nivel leen cada uno de sus hijos. Todos los años las escuelas administran pruebas estandarizadas para determinar el nivel de lectura de cada uno de los estudiantes. Saber el nivel de lectura de los hijos es tan importante como saber el nombre, la edad, la estatura y el peso de ellos. Los padres se preocupan mucho si los hijos bajan o suben de peso, se enferman o si están deprimidos. En cambio, la mayoría de los padres hispanos con las cuales yo me he comunicado, no tienen la más mínima idea acerca del nivel de lectura de los hijos, algo que es tan importante en la educación. En una ocasión yo le pregunté a la mamá de un niño que cursaba el sexto grado, ¿Cuál es el nivel de lectura de su hijo?" A esta pregunta ella respondió, "Dra. Lourdes, yo creo que muy bueno. Él nunca ha sido retenido; sino que al contrario, toditos los años pasa de grado." La verdad es que, esta mamá, no tenía idea de lo que yo estaba hablando. Y como ya vimos en el Capítulo 1, el que los niños sean promovidos año tras año no garantiza que hayan logrado el nivel de lectura que necesitan para alcanzar una educación de calidad. Por ejemplo, si los estudiantes no leen al nivel que les corresponde, no pueden tomar los cursos que los preparan para una carrera vocacional, técnica o universitaria.

Y por último, pregúnteles a los maestros qué estrategias puede usted implementar en el hogar para mejorar el nivel de lectura de sus hijos. Si usted pide ayuda, usted la conseguirá. Así como le expliqué en el Capítulo 5, de la misma manera que un triciclo necesita tres ruedas, el sistema educativo norteamericano necesita la colaboración del estudiante, del maestro y del padre de familia para funcionar correctamente. El padre y el maestro son las dos ruedas de atrás. Los maestros en colaboración con los padres pueden hacer que los niños lean al nivel que les corresponde.

¿Qué es lo que podemos concluir?

Ya vimos en este capítulo que la lectura es como el gato del automóvil, pequeño pero capaz de levantar mucho peso académico. Los estudiantes que hacen de la lectura un estilo de vida, o que desarrollan el hábito de leer todos los días, tienen mayores oportunidades de recibir una educación de calidad.

El hábito de la lectura es una práctica que los niños deben aprender desde que son muy pequeños. Primeramente, usted debe de darles el ejemplo. Lea todos los días y asegúrese que lo vean leer. Cree un ambiente en el hogar que propicie a la lectura y tenga libros por donde quiera en la casa. Es bien importante que se mantenga en comunicación con los maestros. Siempre esté informado del nivel de lectura de sus hijos y de las estrategias que puede implementar en el hogar para ayudarlos a mejorar.

Y como siempre concluyo, nosotros los padres somos los responsables de la educación de nuestros hijos. Por lo tanto, en cuanto a la educación de ellos se trata, no podemos sentarnos en el asiento de atrás ni tampoco en el asiento del pasajero. Tenemos que sentarnos en la silla del conductor. Para tomar el control del volante y conducir a nuestros hijos al triunfo académico tenemos que hacer de la lectura un estilo de vida - la octava de las diez competencias que los padres hispanos debemos demostrar.

Preguntas de Reflexión

1. ¿Qué está haciendo usted para mantenerse informado acerca del nivel de lectura de sus hijos?

2. ¿Cuáles de las estrategias presentadas en este capítulo usted ya está implementando?

3. ¿Qué más puede usted hacer para asegurarse que sus hijos alcancen o mantengan el nivel de lectura que les corresponde?

4. ¿Cuál de las ideas discutidas en este capítulo a usted le llamó más la atención?

CAPÍTULO 9

HACER DE LAS TAREAS PARTE DE LA RUTINA

Competencia 9: Los padres logran que el hacer las tareas de la escuela sea parte de la rutina del día.

Como ustedes ya sabrán, en la América Latina se juega mucho el futbol. La fascinación que los hispanos tienen por el futbol es similar o más fuerte a la que los estadounidenses tienen por el fútbol americano. Cualquier hispano, especialmente si es hombre, sabe que no se puede dominar el juego de futbol, o cualquier otro deporte, si no se practica con regularidad. La práctica, mi querido hermano, hace la perfección. ¿Cierto? Siempre les digo a los padres que la práctica es para el campeonato deportivo lo que las tareas escolares son para el triunfo académico. *Es por esa razón que considero que el hacer que las tareas sea parte de la rutina del día debe ser la novena de las diez competencias que los padres hispanos debemos demostrar.*

¿Por qué es tan difícil hacer que los hijos cumplan con las tareas escolares?

Si usted tiene hijos en la escuela sabe que el lograr que ellos cumplan con las tareas de la escuela no es fácil. Aunque los padres se sienten en la silla del conductor, por experiencia propia sé que muchos de los hijos van a querer agarrar el volante y controlar el vehículo. ¡Y al hacerlo, lo que ocasionan es un desastre! Ellos quieren manejar su propia educación y convertirla en algo más interesante y divertido. Y no hay un tiempo en donde esto sea más evidente que en el tiempo que se supone que hagan las tareas de la escuela. En muchas familias, el que hagan las tareas es una batalla diaria.

Existen varias razones del por qué el hacer las tareas es una batalla diaria en vez de parte de la rutina del día. Una de ellas es que los padres se identifican demasiado con los hijos y les toman lástima. Esto, por lo general ocurre cuando los padres, cuando eran niños, tuvieron muchos problemas en la escuela. Los padres se dan por vencido porque creen que sus hijos, al igual que ellos, no van a triunfar en los estudios. Estos padres piensan que sus hijos no nacieron con la habilidad de aprender. Como vimos en el Capítulo 6, es muy difícil para un estudiante esforzarse en los estudios si los padres no creen en la habilidad que ellos tienen de aprender. Los niños necesitan que los padres crean en ellos hasta que ellos aprendan a creer por sí mismos.

Algunos padres tienen hijos con una voluntad bien fuerte. Ellos resisten la autoridad de los padres porque saben que los padres vienen bien cansados del trabajo. Y lo menos que los padres quieren hacer es pasarse las pocas horas que les quedan antes de dormir cantaleteándoles a los hijos. Por ejemplo, estos son los niños que por lo general les dicen a los padres que van a hacer las tareas luego que descansen un poco, tan pronto terminen de ver algún programa de televisión, o después que platiquen un rato con los amigos. Dejan pasar el tiempo porque saben que los padres se van a descansar y ellos se saldrán con la suya.

Hay muchos niños que simplemente les aburre hacer las tareas. Ellos se inventan cualquier excusa o hacen cualquier cosa con tal de no abrir la mochila de la escuela y ver que tareas les dejaron. Lo que quieren es ver televisión, meterse en *Facebook* o hablar por teléfono con los amigos. Estos estudiantes por lo general no han desarrollado buenos hábitos de estudio. Les dicen a los padres que el maestro no les dejó tareas, que las tareas son muy difíciles, o que el maestro no les explicó bien como hacerlas.

Debo aclarar que algunos estudiantes resisten hacer las tareas por varias razones válidas. Los estudiantes que recién llegan a los Estados Unidos aún no dominan el idioma inglés. Algunos estudiantes carecen del conocimiento y las destrezas necesarias para hacer las tareas. Y hay otros, no muchos, que lamentablemente tienen problemas de aprendizaje. Estos estudiantes por lo general leen y resuelven problemas matemáticos a niveles más bajos que los que les corresponden. No es que no quieran hacer las tareas. Es que simplemente no pueden hacerlas sin la ayuda de una persona capacitada. Estos son los estudiantes que después de tratar por un buen rato no les queda otra que darse por vencidos.

El hacer las tareas también puede convertirse en una batalla diaria cuando los padres no son competentes en el idioma inglés o no tienen el nivel educacional necesario para ayudar a los hijos con las tareas. Un estudiante de sexto grado una vez me dijo, "Dra. Lourdes, ni mi papá ni mi mamá pueden ayudarme porque ellos no entienden lo que se supone que haga. Aunque ellos quieren ayudarme no pueden. Me da tristeza porque se desesperan, tratan de buscar ayuda con los vecinos y todo se complica."

Y finalmente, el hacer las tareas se puede convertir en una batalla diaria cuando los padres tienen demasiados compromisos o preocupaciones y se les olvida enfocarse en las tareas escolares de los hijos. En ocasiones, el estrés o problemas familiares les impide supervisar las asignaciones que los maestros les dejan a los hijos.

Es muy esencial que los padres entiendan lo importante que es que los hijos cumplan todos los días con las tareas escolares. Para que el hacer las tareas se convierta en parte de la rutina diaria, los padres tienen que ser tan consistentes como el hacer que coman o se bañen todos los días.

¿Cuáles son los beneficios de hacer las tareas todos los días?

Cabe ahora preguntarnos, ¿cuáles son algunos de los beneficios de hacer las tareas? Primeramente, las tareas refuerzan lo que los estudiantes aprendieron en la escuela. Las tareas les ayudan a entender información que tal vez no entendieron en clase, corregir errores y llenar vacíos de conocimiento. El verdadero aprendizaje ocurre cuando los estudiantes, por si solos, aplican lo que los maestros les enseñaron en clase. El hacer las tareas ayuda a que los estudiantes se preparen mejor para los exámenes porque absorben el material poco a poco y no de un sopetón. Y sobre todo, las tareas les ayudan a desarrollar buenos hábitos de estudio. Es muy difícil, si no imposible, que los estudiantes salgan bien en los estudios sin cumplir a cabalidad con esta responsabilidad.

¿Qué estrategias pueden ayudar a que e hacer las tareas sea parte de la rutina del día?

Quisiera compartir con usted 15 estrategias que le van a ayudar a supervisar el tiempo de hacer las tareas de la escuela. La idea es que el tiempo de hacer las tareas deje de ser una batalla diaria y se convierta en parte de la rutina del día.

Número 1, asegúrese que usted entiende el valor que las tareas tienen y los grandes beneficios que contrae hacerlas. Los padres deben abrazar la idea que el hacer las tareas de la escuela conduce al triunfo académico como las prácticas deportivas conducen al campeonato.

Número 2, busque la manera de enseñarles a los hijos el valor que tienen las tareas escolares. De la misma manera que uno les enseña la importancia de bañarse todos los días, debemos enseñarles la importancia de hacer las tareas todos los días, hasta que el hacerlas se convierta en parte de la rutina diaria. El no bañarse abre puertas a las enfermedades. El no hacer las tareas abre puertas al fracaso académico. ¿No cree usted?

Número 3, demuestre una actitud positiva hacia la escuela y los maestros de los hijos. Los niños tienden a absorber e imitar lo que los padres dicen y hacen. Ya vimos en capítulos anteriores que los niños cumplen con las tareas escolares cuando les tienen mucho respeto a los maestros. Ellos aprenden a respetar a los maestros con los padres. Yo personalmente nunca perdía la oportunidad de decir algo bueno acerca de la escuela o de los maestros de mis niños. De esa manera mis hijos se daban cuenta que mi relación con los maestros era positiva y por consecuente se comportaban de maravillas en la escuela. ¡Créame que esto funciona!

Número 4, enséñeles a los hijos a hacer las tareas escolares con una actitud positiva. El tiempo para hacer las tareas debe ser un tiempo libre de quejas. El estar quejándose crea un ambiente negativo. Usted y yo sabemos que el tiempo es valioso. Y el estar refunfuñando es ciertamente una pérdida de tiempo.

Número 5, de antemano establezca cuáles son las reglas concernientes a las tareas escolares y de manera consistente espere que las cumplan. Es importante que los niños tengan claro los privilegios que van a recibir si cumplen con las tareas y los que van a perder si no las hacen. Por ejemplo, si no cumplen con las tareas de la escuela, no les permita ver televisión o comunicarse con las amistades, ya sea por teléfono o a través de *Facebook*. Si cumplen con las tareas a cabalidad, recompénselos de vez en cuando llevándolos al cine, sacándolos a comer afuera o dejándolos acostarse un poco más tarde durante el fin de semana.

Número 6, cree un ambiente adecuado para hacer las tareas. Como vimos en los capítulos anteriores, evite las distracciones en el hogar. No converse o discuta asuntos donde ellos están haciendo las tareas. Y no permita que los amigos, compañeros de clases o familiares los visiten a la hora de hacerlas. No se olvide de apagar el televisor y poner los teléfonos en silencio.

Número 7, seleccione un lugar en la casa en donde sus hijos puedan estudiar y hacer las tareas. Usted no necesita tener una habitación en la casa dedicada para los estudios. El lugar de estudio puede ser la mesa del comedor, siempre y cuando la mesa tenga el espacio suficiente para que ellos puedan colocar los materiales de la escuela. Lo bueno de la mesita del comedor es que usted les puede "pegar el ojo" mientras hace la cena.

Número 8, establezca un horario regular para hacer las tareas y haga que toda la rutina de la familia gire alrededor de ese tiempo. Trate de que el tiempo de hacer las tareas sea durante la tarde, tempranito en la noche, pero nunca antes de la hora de dormir. Con mis tres hijos, yo siempre trataba de que las terminaran antes de las nueve de la noche. Yo le aseguro que después de esa hora, yo estaba demasiado cansada para asegurarme que las cumplieran a cabalidad y no hicieran un trabajo chapucero.

Número 9, tenga disponible suficientes útiles escolares. Estos materiales incluyen lápices, bolígrafos, papel, sacapuntas, una calculadora, un diccionario y una regla. De esa manera ellos podrán usar el tiempo de hacer las tareas de una manera eficiente.

Número 10, provea afirmación positiva cuando sus hijos se estén enfocando en las tareas. Hábleles acerca del valor que tiene la disciplina propia y el orgullo que ellos pueden sentir cuando hayan hecho un buen trabajo. Es bien importante que los elogie cuando vea que se están dedicando a los estudios. Nunca pierda la oportunidad de decirles expresiones tales como: "¡Me siento tan feliz cuando te veo estudiar!" "¡Estoy tan orgulloso de ti!" "¡Si sigues así hijo, vas a llegar lejos!"

Número 11, ayúdelos a desarrollar estrategias para simplificar el proceso de hacer las tareas. Pídales que le expliquen, de una manera específica, qué es lo que no entienden y en qué parte están teniendo problemas. Es importante que les preste mucha atención cuando le estén explicando. Pare lo que esté haciendo, siéntese al lado de ellos y mírelos a los ojos mientras le hablan.

Número 12, enséñeles como acercarse a los maestros para pedir ayuda adicional si la necesitan. Sus hijos deben saber que los maestros, por lo general, les gusta que los estudiantes hagan preguntas en clase y que muestren interés en lo que ellos están enseñando. Como indiqué anteriormente, cuando yo era profesora de matemáticas, mis estudiantes favoritos eran aquellos que me hacían preguntas acerca de las tareas que les había asignado.

Número 13, si sus hijos no dominan el idioma inglés o tienen problemas de aprendizaje, asegúrese que reciban la ayuda que necesitan para cumplir con las tareas. Si usted no puede ayudarlos, no se desespere sino que busque ayuda. Como indiqué anteriormente,

Rebecca, mi hija mayor, nació con dos problemas de aprendizaje, Dislexia y Déficit de Atención con Hiperactividad. Para ella, el hacer las tareas era algo sumamente difícil, especialmente si tenía que leer. Yo me sentaba con ella para ayudarla y asegurarme que no se diera por vencida. Cuando se graduó de la Secundaria y comenzó su carrera universitaria, yo me aseguré que continuara recibiendo asistencia. Ella recibía tutoría gratuita en el *Palm Beach Community College (PBCC)*. La mayoría de las escuelas públicas y colegios universitarios tienen programas de tutorías gratis para estudiantes como mi hija Rebecca.

Número 14, tenga mucha paciencia. No se olvide que los niños son niños. Ellos, ocasionalmente, van a tratar de evitar el hacer las tareas de la escuela para así tener tiempo para hacer algo que ellos consideran más divertido e interesante.

Número 15, tenga fe y valor. Como vimos en el Capítulo 3, el espíritu del inmigrante es el espíritu del águila. La misma fe y fuerza espiritual que lo impulsó a dejar su patria en busca de un futuro mejor para usted y su familia, le ayudará a implementar todas estas estrategias que acabo de mencionar.

¿Qué es lo que podemos concluir?

Como hemos dicho en todos los capítulos anteriores, nosotros los padres somos los responsables de manejar la educación de nuestros hijos. Y para ello, tenemos que sentarnos en la silla del conductor. Tomar el control del volante conlleva asegurarnos que cumplan con las tareas escolares todos los días, sin fallar. ¿Por qué? Porque la práctica deportiva es para el campeonato lo que el hacer las tareas escolares es para el triunfo académico.

El hacer que cumplan con las tareas escolares puede convertirse en una batalla diaria por muchas razones. Algunos padres no les exigen a los hijos que cumplan con las tareas porque cuando ellos eran niños también tenían problemas haciendo las tareas. Hay niños que tienen una voluntad muy fuerte y resisten; y hay otros que simplemente les aburre hacerlas. A algunos niños les cuesta mucho hacer las tareas por razones válidas. Ellos tienen problemas de aprendizaje, tienen vacíos de conocimiento o no dominan el idioma Inglés. Las muchas ocupaciones o preocupaciones no les permiten a algunos padres enfocarse en la educación de sus hijos como debieran. Además, hay algunos padres que no tienen el conocimiento necesario para ayudar a los hijos con las tareas. Sea cual sea la razón, tenemos que lograr que el hacer las tareas escolares sea parte de la rutina diaria - la novena de las diez competencias que los padres debemos demostrar.

Hay quince estrategias que yo recomiendo para lograr esto. Entre ellas se encuentran que tanto los padres como los hijos vean los beneficios de cumplir con las tareas. Se debe crear un ambiente adecuado y fijar una hora y un lugar indicado para hacerlas. Hay que demostrar una actitud positiva hacia la escuela y los maestros y no permitir que el tiempo de hacer las tareas se convierta en un tiempo de quejas. Los padres deben de antemano establecer reglas y consecuencias por no cumplirlas. Además, los estudiantes deben hacerles saber a los maestros si están teniendo dificultades al hacerlas.

Como el supervisar las tareas escolares no es fácil, usted debe de tener paciencia, no perder la fe y revestirse de autoridad.

Lo importante es que no se siente atrás y que tampoco se siente en la silla del pasajero Siéntese en la silla del conductor y tome el control del volante porque en su casa el que manda es usted.

Preguntas de Reflexión

1. ¿Cuál es el reto más grande que usted enfrenta cuando supervisa las tareas escolares de sus hijos?

2. ¿Cuál de las estrategias presentadas en este capítulo usted ya está implementando?

3. ¿Qué más puede usted hacer para asegurarse que el hacer las tareas de la escuela sea parte de la rutina diaria de sus hijos?

4. ¿Cuál de las ideas presentadas en este capítulo captó más su atención?

CAPÍTULO 10

DESARROLLAR CARÁCTER EN MIS HIJOS

Competencia 10: Los padres desarrollan en los hijos el carácter de un triunfador.

Usted sabrá que los vehículos de hoy día, por lo general, tienen un control de travesía automático; lo que en este país se le llama *"cruise control."* Cuando uno oprime ese botón maravilloso, la velocidad permanece constante haciendo que el manejar sea mucho más fácil. ¿Si los padres son los responsables de manejar el proceso educativo de los hijos, no sería maravilloso si lo pudieran hacer poniendo a los hijos en control de travesía automático? Le aseguro que se les haría mucho más fácil conducir a los hijos al lugar académico que necesitan estar. Bueno, en cierto sentido sí pueden, siempre y cuando desarrollen en ellos los rasgos del carácter que necesitan para triunfar académicamente. Estos rasgos característicos son

125

responsabilidad, persistencia, una ética de trabajo fuerte y la habilidad de no necesitar gratificación inmediata. Cuando los niños exhiben estos rasgos es cómo manejarlos en *cruise control*. *Es por esta razón que considero que, la habilidad de desarrollar en los hijos los rasgos del carácter que se necesitan para triunfar en los estudios, debe ser la décima de las diez competencias que los padres hispanos debemos demostrar.*

Permítame darle un ejemplo. Como ya usted sabe, tengo tres hijos grandes. Gracias a Dios, los tres ya se graduaron de la universidad. Créame cuando le digo que hubo épocas en que la escuela se les hizo bien difícil, como a la mayoría de los niños que emigran a este país. Durante sus carreras académicas ellos tuvieron que enfrentar diversos retos. Yo tenía que tomar el control del timón y hacer que se enfocaran en sus estudios, cumplieran con las tareas escolares y se prepararan para los exámenes.

Mientras me sentaba en la silla del conductor, les enseñaba el por qué y el cómo exhibir un comportamiento responsable. Les hablaba de los numerosos beneficios que trae el ser persistentes. Les mostraba la gran cosecha que el trabajo fuerte da. Y sobre todo, los ayudaba a ver la recompensa de esperar y no necesitar gratificación inmediata. ¡No fue fácil, pero si valió la pena! Yo no tenía que presionar el pedal de la gasolina todo el tiempo porque estos rasgos característicos pusieron a los tres en *cruise control*. Mis hijos tenían la motivación interna que se necesita para triunfar académicamente. En otras palabras, el deseo de hacer lo correcto nacía de ellos. Esta motivación o deseo de salir bien en todas sus clases surgía de estos cuatro rasgos característicos que desarrollaron mientras crecían.

Es importante que entendamos que el carácter de una persona es lo que está detrás de sus palabras y acciones. La manera de hablar y comportarse de una persona de buen carácter está fundamentada en el conocimiento de los principios de buena conducta. La persona tiene conocimiento del bien y del mal y voluntariamente opta por hacer el bien. El árbol se conoce por los frutos que da. ¿Cierto?

¿Por qué es tan importante ser responsable?

Es muy importante que los padres les enseñen a sus hijos a ser responsables porque tarde o temprano ellos tendrán que cumplir con sus propias obligaciones en la vida. Los niños que han aprendido a ser responsables asumen responsabilidad por sus propias acciones. Ellos no les echan la culpa a los demás, ni tampoco salen con excusas por las cosas que hicieron o no hicieron. Los estudiantes responsables siguen las instrucciones de los maestros y hacen lo que tienen que hacer con excelencia y a tiempo. Los jóvenes responsables no son ineptos. Por ejemplo, la maestra de Rosita, una estudiante de octavo grado, le asignó a la clase que leyeran un libro y contestaran unas peguntas acerca de lo que leyeron. Como Rosita ha aprendido a ser responsable, no esperó a última hora para hacer lo que tenía que hacer. Ella terminó de leer el libro y contestó todas las preguntas a cabalidad y con mucho tiempo de anticipación. Rosita fue una de las pocas estudiantes que siguió las instrucciones de la maestra. La gran mayoría de los compañeros de Rosita le rogaron a la maestra que les diera más tiempo. Ellos presentaron toda clase de excusas por no haber cumplido con la tarea a tiempo. Yo siempre les enseñé a mis hijos que el no entregar las tareas a tiempo es definitivamente una falta de responsabilidad.

¿Por qué es tan importante ser persistente?

Los hijos tienen que aprender a ser persistentes ya que en la vida hay muchas metas que sólo se alcanzan cuando se tratan una y otra vez, una y otra vez hasta que se logran. Los hijos que aprenden a ser persistentes no se dan por vencido cuando enfrentan dificultades en la escuela. Ellos siguen hacia adelante y cambian las estrategias, tantas veces como sea necesario, con tal de alcanzar las metas académicas que ya se han propuesto alcanzar. ¡Ellos no se rinden! Y como dice el dicho, "para atrás ni para coger impulso." Volviendo a Rosita, para ella no fue fácil leer el libro ya que sólo llevaba tres años en los Estados Unidos y aún no dominaba el idioma inglés. Ella persistía en poder leer y entender el libro. Se consiguió un diccionario y le hacía preguntas a la maestra cada vez que no entendía o tenia duda de algo. Según Rosita, "El querer es poder."

¿Por qué es tan importante tener una ética de trabajo fuerte?

Los padres también tienen que enseñarles a los hijos una ética de trabajo fuerte porque las cosas buenas en la vida por lo general requieren que uno trabaje fuerte para alcanzarlas. Los niños que tienen una ética de trabajo fuerte se sacrifican y como dicen los mexicanos, "de veras le echan ganas a los estudios." Estos estudiantes se esfuerzan con tal de salir bien en todas sus clases y lograr un buen promedio académico. En el caso de Rosita, a ella se le hacía bien difícil leer el libro y contestar las preguntas ya que leía muy lento y escribía con dificultad. Le tomaba más tiempo que a los demás compañeros por estar necesitando el diccionario y pidiendo ayuda todo el tiempo. Ella tenía que trabajar intensamente, el doble o triple que el resto de la clase. Rosita demostraba una ética de trabajo fuerte.

Ya usted sabrá que cuando me mudé para los Estados Unidos en el 1990 no era una niña y mi inglés era bien limitado. La gran mayoría de las personas me decían que ya estaba muy vieja para aprender inglés. Pero yo no vine a este país a fracasar. Yo vine a este país a triunfar y para ello tenía que aprender inglés. Con la ayuda de Dios me propuse a aprenderlo. Estudiaba el inglés antes que mis hijos se levantaran y después que se acostaran. Mi fe en Dios y el trabajo fuerte me ayudó a alcanzar competencia en el idioma inglés. El saber inglés me ayudó a mejorar mi educación y por consecuente alcanzar una vida de calidad aquí en los Estados Unidos.

¿Por qué es tan importante no necesitar gratificación inmediata?

Y por último, los padres deben enseñarles a los hijos a no necesitar gratificación inmediata. En la vida muchas veces hay que privarse de gustos inmediatos para alcanzar frutos a largo plazo. Los niños que aprenden a esperar se sacrifican cumpliendo con sus obligaciones escolares sabiendo que los frutos de sus esfuerzos los cosecharán más adelante en la vida. Ellos corren sus carreras académicas con los ojos fijos en la meta final. Las horas que Rosita se esforzaba en leer el libro y contestar las preguntas era tiempo que no podía hacer cosas más divertidas tales como ver televisión, entrar en *Facebook* o hablar por teléfono con las amigas. Rosita estaba convencida que el esfuerzo que estaba haciendo iba a valer la pena. El leer le iba a ayudar a mejorar su inglés y estar mejor preparada para tomar cursos avanzados cuando entrara a la escuela secundaria.

¿Qué pueden hacer los padres para desarrollar estos 4 rasgos característicos?

Y ahora le pregunto, ¿Qué pueden hacer los padres para desarrollar en sus hijos estos 4 rasgos característicos? Obviamente, lo primero que tienen que hacer es comprometerse a enseñárselos a los hijos desde que son bien pequeños. Nunca es demasiado temprano. Y para ello, deben los padres dedicar tiempo y energía para hablarles acerca de estos rasgos, proveerles ejemplos de personas que los demuestran y sobre todo, modelarlos con sus propias vidas. No nos olvidemos que nuestras acciones dicen más que nuestras palabras. Es importante que los padres sean un ejemplo vivo de lo que predican o enseñan.

No hace mucho un estudiante hispano que apenas comenzaba la Secundaria me dijo, "Mi papá todo el tiempo me dice que aprenda inglés y que de veras le eche ganas a los estudios porque para eso él me trajo a este país. Por otro lado, él no hace nada por aprender inglés y tampoco lee ni estudia nada. Ahí se la pasa frente al televisor." Los niños aprenden más de lo que ven a los padres hacer que lo que oyen a los padres decir. Una de las razones que motivó a mis hijos a que se esforzaran en la escuela y sacaran carreras universitarias es que me veían todo el tiempo estudiar. El esfuerzo que yo tenía que hacer era bien grande. A la misma vez que estudiaba tenía que trabajar para sostener a mis tres hijos y cuidar a mi mamá que para aquel entonces batallaba con cáncer. Yo asistía a la misma universidad que mis dos hijos mayores asistían, *Florida Atlantic University (FAU)*, en Boca Raton, Florida. Ellos al igual que yo tenían que trabajar fuerte.

Lo segundo que los padres pueden hacer es identificar y ponerle nombre a las acciones que reflejen responsabilidad, persistencia, una ética de trabajo fuerte y el no necesitar gratificación inmediata. El darle nombre a las acciones va a ayudar a que los hijos identifiquen estos rasgos, puedan aprenderlos y desarrollarlos. Por ejemplo, cuando su hijo haga las tareas de la escuela sin que se lo tenga que decir, en vez de simplemente decir, "buen trabajo hijo" diga, "buen trabajo hijo, tu verdaderamente has demostrado responsabilidad." De esa manera usted identifica el rasgo de responsabilidad que está detrás de la acción de haber hecho las tareas de la escuela sin que nadie se lo dijera.

Y lo tercero que los padres pueden hacer es fijarse y públicamente reconocer cuando los hijos, con sus acciones, hayan demostrado algunos de los rasgos característicos que ya he mencionado. Todos nosotros necesitamos y nos encanta cuando somos reconocidos por haber hecho algo bueno. Por ejemplo, si usted se da cuenta que un hijo lleva varios noches estudiando para un examen final, hágale saber y hágale saber a los demás, lo mucho que usted admira a su hijo y lo orgulloso que está del esfuerzo que él está haciendo para salir bien en esa prueba final. Lo importante aquí es que verbalmente y públicamente elogie el esfuerzo del joven. Otro ejemplo es que, cuando yo hablaba con mis hermanos o mi mamá, por teléfono o en persona, les contaba con lujo de detalles los esfuerzos y logros académicos de mis hijos. Yo lo hacía en voz bien alta para que mis hijos escucharan y se dieran cuenta de lo orgullosa que yo me sentía de ellos. Yo sabía que más adelante, mi mamá y mi hermana Vilma iban a buscar la manera de recompensarlos por el trabajo que habían hecho.

¿Qué es lo que podemos concluir?

Como ya he mencionado durante todo este libro, usted es la persona responsable de monitorear el desarrollo académico de sus hijos. Por experiencia sé que el sentarse en la silla del conductor no es fácil y que la travesía es larga. Por lo tanto, si queremos que se nos haga más fácil, hay que poner a los hijos en control de travesía automático, esto es, en *cruise control*.

Ponerlos en *cruise control* significa infundir en ellos los rasgos característicos que se requieren para triunfar académicamente. Tenemos que asegurarnos que nuestros hijos aprendan a ser responsables. La irresponsabilidad no conduce al triunfo académico; sólo acarrea problemas. Debemos de hacer lo posible e imposible para que aprendan a ser persistentes. El que no persiste es porque ya se dio por vencido; y el vencido no alcanza nada en la vida. Todos los estudiantes hispanos deben entender que hay que trabajar fuerte para triunfar en los estudios. La vagancia solo contrae pobreza o fracaso. Dicen por ahí, "El que se duerme, se lo lleva la corriente." Y sobre todo, debemos asegurarnos que nuestros hijos aprendan a no necesitar o exigir gratificación inmediata. Los placeres inmediatos los apartan del camino que conduce a una vida de calidad.

Para que nuestros hijos desarrollen los rasgos característicos de responsabilidad, persistencia, una ética de trabajo fuerte, y la habilidad de no necesitar gratificación inmediata, hay tres cosas que podemos hacer. Primero, tenemos que comprometernos a enseñárselos desde que son bien pequeños y consistentemente demostrarlos con nuestras propias vidas. Segundo, tenemos que identificar y ponerle nombre a todas aquellas acciones que los reflejen. Y tercero, tenemos que públicamente reconocer cuando nuestros hijos, con sus acciones, hayan demostrado cualquiera de estos rasgos. Haciendo estas cosas que acabo de señalar le ayudará a alcanzar la décima de la diez competencias que los padres hispanos debemos demostrar.

¡No le demos vuelta al asunto! Usted no se puede sentar en la silla de atrás y mucho menos en la silla del pasajero. A usted le corresponde la silla del conductor. Tome el control del volante y ponga a sus hijos en *cruise control* para que se le haga más fácil conducir a sus hijos al triunfo académico.

PREGUNTAS DE REFLEXIÓN

1. ¿Por qué será tan difícil enseñarles a los hijos responsabilidad, persistencia, una ética de trabajo fuerte y la habilidad de no necesitar gratificación inmediata?

2. ¿Qué puede usted hacer o dejar de hacer para asegurarse que sus hijos desarrollen estos 4 rasgos característicos?

3. ¿Cuál de las ideas presentadas en este capítulo a usted le llamó más la atención?

Pensamientos Finales

Ahora que hemos llegado al final de este libro, espero en Dios que le haya sido de bendición. Usted y yo somos hispanos. Y estoy convencida que no hay un pueblo más bello en el mundo que el pueblo hispano. ¿No cree usted? No importa de qué parte de la América Latina haya emigrado, ya sea Argentina en Sur América, Costa Rica en Centro América, México en Norte América o Puerto Rico en el Caribe, nunca se olvide que somos un sólo pueblo – el pueblo latinoamericano. Lo que nos hace tan especial y diferente a cualquier otro pueblo en el mundo es que somos gente de trabajo, gente de familia, y sobre todo, gente de fe.

Como pueblo detestamos la pereza. Trabajamos afanosamente porque nos llena de satisfacción y orgullo el poder suplir las necesidades de nuestras familias. No hemos venido a los Estados Unidos para que nos mantengan. Estamos dispuestos a hacer lo que sea con tal de echar hacia adelante y con el sudor de nuestras frentes alcanzar un futuro mejor para nuestros hijos.

Para nosotros, no hay nada más importante en la vida que la familia. La valorizamos por dos razones bien importantes. La primera es que la consideramos el alma de nuestro pueblo y gran emisora de nuestra cultura, la cual incluye el idioma español, creencias y valores. La segunda es que la vemos como el vehículo que nos permite alcanzar las metas individuales y familiares que tengamos. Nosotros los hispanos enfrentamos los retos de la vida y celebramos las bendiciones que Dios nos da junto a nuestros seres queridos.

Nosotros los hispanos por lo general creemos en Dios o en una fuerza superior a los hombres. Nos da esperanza y valor el creer que alguien o algo, allá en el infinito, nos ama y se interesa por nosotros. Muchos de nosotros sentimos que necesitamos intervención divina para vencer los retos que enfrentamos como inmigrantes y lograr las metas que nos hemos propuesto en la vida. Por ejemplo, cuando compartimos nuestros planes con los demás, nos complace decir expresiones tales como, "Si el Señor quiere lo lograré" o "Dios mediante lo alcanzaré."

El pueblo Hispano no es una carga para los Estados Unidos sino una bendición. ¿Por qué? Porque este país tiene necesidad de gente como nosotros, personas que están dispuestas a trabajar fuerte, mantener la unidad familiar, y conservar la fe que se necesita para construir un futuro mejor para las generaciones futuras. Ahora, preste mucha atención a lo que voy a decir. De la misma manera que valorizamos el trabajo, la familia y la fe, tenemos que aprender a valorizar la educación.

Hemos dejado nuestras patrias y todo aquello que era familiar para nosotros con tal de darles a nuestros hijos la oportunidad de un futuro mejor. Pero en este país, y en la época en que vivimos, ese futuro mejor se logra a través de una buena educación. Ya hemos aprendido que una educación de calidad es la puerta que conduce a una vida de calidad. Sobre nuestros hombros cae la responsabilidad de asegurarnos que nuestros hijos reciban la mejor educación posible que este país les ofrece; y para ello, no nos queda otra que sentarnos en la silla del conductor.

Las diez competencias que he compartido con usted a través de este libro le ayudarán a que se salga del asiento de atrás, se salga del asiento del pasajero y se siente en el asiento del conductor. Agarre el timón del vehículo y conduzca a sus hijos al triunfo académico. La misma fe que le motivó a dejar su tierra y todo aquello que era familiar para usted, le dará las fuerzas que necesita para vencer los retos y alcanzar una vida de calidad.

Estoy convencida que el país de los Estados Unidos gana muchísimo con nuestra presencia. Tengo la esperanza que algún día se reconozca públicamente lo mucho que los hispanos hemos contribuido al bienestar de este país y el gran potencial que como pueblo tenemos de fortalecer y engrandecer aún más esta nación. Bueno, hasta aquí me despido de usted. No se olvide que siempre podrá contar con mi apoyo. ¡Dios le bendiga!

DRA. MARÍA DE LOURDES

CONSULTORA, ORADORA PÚBLICA, INVESTIGADORA EDUCATIVA Y AUTORA

La Dra. María de Lourdes nació y se crio en la bella isla de Puerto Rico. Esta boricua, desde muy joven, comprendió que una educación de calidad es la puerta que conduce a una vida de calidad. Determinada a salir de la pobreza en que vivía, con ayuda financiera gubernamental, obtuvo un bachillerato en matemáticas de la Universidad de Puerto Rico. Tan pronto se graduó comenzó a trabajar como maestra y directora del departamento de matemáticas en el Colegio Puertorriqueño de Niñas en Puerto Rico.

En el 1979, su gran amor por Dios y anhelo de servir a la humanidad inspiró a Lourdes a dejar su tierra natal y establecerse en la República de Guatemala. Fue allí, en la tierra de la eterna primavera, que ella estableció un orfanatorio, una guardería para niños, varios centros de nutrición, diferentes clínicas médicas, y condujo numerosas campañas médicas y dentales a través de la nación. Haciendo uso de la radio, grupos focales y seminarios, ella instruyó a las comunidades más necesitadas y remotas del país acerca del poder de la educación y maneras prácticas de mejorar la calidad de vida. Apoyada por los oficiales del gobierno guatemalteco, Lourdes obtuvo el apoyo financiero de organizaciones internacionales tales como *Feed the Children, CARE* y *World Vision*. El deseo de mejorar la calidad de todos estos programas infundió en ella la idea de estudiar una maestría en Medición, Evaluación e Investigación Educativa, la cual obtuvo en la Universidad del Valle en Guatemala. Por más de una década Lourdes sirvió no sólo al pueblo de Guatemala sino que además a otros pueblos latinoamericanos tales como México, El Salvador y Honduras.

En el 1990, Lourdes decidió emigrar a los Estados Unidos para darle a sus tres hijos, Rebecca, Jonathan y Deborah, la oportunidad de educarse en este país para lograr el Sueño Americano. Ella estaba determinada a que sus tres hijos aprendieran bien el idioma inglés, se graduaran de la escuela secundaria y obtuvieran una carrera universitaria. ¡Pero nada de esto vino fácil! Como cualquier otro inmigrante, ella y sus hijos tuvieron que enfrentar enormes barreras financieras, lingüísticas y culturales. Primeramente trabajó como maestra de matemáticas en programas de educación bilingüe y regular en escuelas intermedias y secundarias en los condados de Miami-Dade y Palm Beach, en el estado de la Florida.

Fue en las aulas escolares que nació en Lourdes la visión de motivar y ayudar a más estudiantes inmigrantes, hispanos y afro-americanos a triunfar académicamente. Y para logralo se impulsó a obtener un doctorado en Liderazgo en la Educación en la *Florida Atlantic University,* en el estado de la Florida. Dejó entonces el salón de clases y comenzó a trabajar como especialista en Mejoramiento Escolar, y luego como especialista en Evaluación Educativa en el distrito escolar del condado de Palm Beach. Sus responsabilidades incluían analizar el rendimiento académico de los estudiantes en las pruebas estandarizadas, diseñar programas para el mejoramiento escolar, y facilitar seminarios para estudiantes, maestros, administradores, y padres acerca de cómo aumentar el rendimiento académico de las minorías estudiantiles.

Desde el 2005, Lourdes se ha dedicado a ayudar a los sistemas escolares de toda la nación norteamericana a mejorar el rendimiento académico de los estudiantes. Ella asiste a los distritos escolares creando fuentes de datos a través de estudios cualitativos y cuantitativos; diseñando programas, métodos y estrategias para minimizar las brechas académicas entre los diferentes grupos étnicos; y facilitando seminarios para estudiantes, padres y personal docente acerca de cómo todos los estudiantes pueden triunfar en los estudios.

La Dra. María de Lourdes es la autora y facilitadora de numerosos seminarios en diversos temas que incluye, medición y evaluación educativa, estrategias para pasar pruebas estandarizadas, la importancia y maneras de alcanzar competencia cultural, los retos que las minorías estudiantiles enfrentan, como motivar a los estudiantes, y la importancia del involucramiento de los padres.

Ella es además la autora de los programas curriculares para padres hispanos "Navegando el Sistema Educativo Norteamericano" y "Siéntese en la Silla del Conductor." Estos dos programas son actualmente utilizados por muchos distritos escolares y escuelas para aumentar la participación de padres hispanos en la educación de sus hijos.

Sus libros incluyen *"Hispanic Parental Involvement: Ten Competencies Schools Must Teach Hispanic Parents"* y "Siéntese en la Silla del Conductor:

Las Diez Competencias Para Conducir A Sus Hijos Al Triunfo Académico." Ella es también la coautora del libro "*Voices: African-American and Hispanic Students' Perceptions Regarding the Academic Achievement Gaps*," que estará disponible al público en la primavera del año 2012.

La misión de la Dra. María de Lourdes siempre ha sido la de amar a Dios con todas las fuerzas de su alma y ayudar a todos los que estén a su alcance a mejorar sus vidas a través de una educación de calidad.

9 781469 924380